DIE BESTEN 501

KINDERWITZE UND SCHERZFRAGEN

AB 8 JAHRE

Uli Fröhlich

Die besten 501 Kinderwitze und Scherzfragen ab 8 Jahren

Mit diesem Buch haben Sie und Ihre Kinder mit Sicherheit einiges zu Lachen. Zahlreiche Witze und Scherzfragen amüsieren nicht nur Kinder, sondern auch Erwachsene. Sie finden eine große Auswahl an unterschiedlichen Witzen in einem Band.

Kinderwitze ab 8 Jahre schnell erzählt

Entwickelt wurden diese speziell für Mädchen und Jungs ab 8 Jahren. Die einzelnen Scherzfragen und Witze sind in die entsprechenden Kategorien unterteilt. So ist es ein Leichtes, die passenden Witze für die jeweiligen Situationen heraus zu suchen und zu erzählen.

An dieser Stelle sollte zudem auch erwähnt werden, dass es relativ kurze und einfache Texte sind. So können sich diese auch jüngere Kinder ohne Probleme merken und weitererzählen.

Witzekategorien zur Übersicht

- Kinderwitze
- Schülerwitze
- Kellner Witze
- Flachwitze
- Tierwitze
- Lustige Scherzfragen

Außerdem befinden sich in diesem Kinderwitzebuch noch weitere 100 Bonuswitze, welche das Lachen garantieren!

Warum Sie dieses Kinderwitzebuch kaufen sollten

- Umfangreicher Inhalt: In diesem Witzebuch finden Sie 501 Witze und Scherzfragen, mit welchen Familie und Freunde unterhalten werden können.
- Ansprechendes Design: Das Buch überzeugt mit seinem kindgerechten Einband und der kompakten Größe.
- Klare Strukturierung: Die Witze sind nummeriert und klar strukturiert. So ist es für Kinder einfacher, diese zu lesen und sich zu merken.
- Kindgerechter Inhalt: In dieser Sammlung finden sich nur Witze und Scherzfragen, welche dem Alter der Kinder entsprechen und leicht verständlich sind.

Witze

1. Familie - Wissbegierig

"Wir sind eine sehr wissbegierige Familie."

"So?"

„Ja, meine Schwester macht einen Französisch-Kurs, meine Mutter macht einen Kochkurs, und mein Vater macht Konkurs!"

2. Schlau

Sagt ein Mädchen zu einem Jungen: "Weißt du, dass Mädchen schlauer sind als Jungs?"

Antwortet der Junge: "Nein, das wusste ich nicht."

Antwortet das Mädchen: "Siehst Du!!".

3. Aufräumen

Sohn fragt den Vater: "Wo liegen eigentlich die Bermudas?"

Vater: "Da musst du Mutter fragen, die räumt doch immer alles auf!"

4. Oma ist zu Besuch ...

... und schüttelt missbilligend bei Tisch den Kopf und tadelt ihre Enkelin: "Aber Julia, wie kann man nur mit vollem Mund reden?"

Antwortet Julia: "Alles Übung, Oma."

5. Taschengeld

Klein-Erna abends zu ihrer Mutter: "Kennst du den Unterschied zwischen Radio, Fernsehen und Taschengelderhöhung?"

"Nein!"

„Das Radio hört man, das Fernsehen sieht man, aber von einer Taschengelderhöhung hört und sieht man leider überhaupt nichts!"

6. Indianer

Tim kommt kreidebleich vom Indianer spielen nach Hause. „Tim, mein Kleiner, haben sie dich wieder an den Marterpfahl gebunden?“

„Nein Mami, heute haben wir die Friedenspfeife geraucht.“

7. Vakuum

„Vati, was ist ein Vakuum?“ — „Ach, ich hab's im Kopf aber ich komm im Augenblick nicht drauf.“

8. Erde

„Papa, warum dreht sich eigentlich die Erde?“ — „Um Himmels willen, Junge, warst du an der Gin-Flasche?“

9. Waage oder Wooge? — Das ist hier die Frage

Ein kleiner Junge ist mit seinem Vater im Bahnhofsgebäude. Er sieht eine Personenwaage und sagt:

„Du, Papi, da drüben ... weiter

10. Hai

Treffen sich zwei Fische im Meer, sagt der eine Hai, der andere fragt: Wo?

11. Kochen

Zwei Mädchen gehen erst um 11 Uhr abends von einer Party heim.

Sagt die eine: "Jetzt wird meine Mutter vor Wut kochen."

Sagt die andere: "Du hast es gut, ich krieg um diese Zeit nie etwas Warmes."

Schlagfertig

Der stolze Vater: "Mein Sohn, der Storch hat Dir ein Schwesterchen gebracht — willst Du es sehen?"

„Später — zeig mir erst mal den Storch!"

12. Ratschläge

Ich hätte ja wirklich mehr Vertrauen zu Deinen Ratschlägen, Mutti",

sagt die flügge gewordene Tochter zur Mutter, "wenn Du Papa nicht geheiratet hättest!"

13. Kurzer Gruß

Fragt ein Junge einen Bayern: "Wie sagt ihr zu einem Laternenpfahl?" Sagt der Bayer: "Laternenpfahl. Und du?" Der Junge: "Ich sage nichts. Ich gehe einfach dran vorbei."

14. Buchstabieren

Beim Buchstabierwettbewerb:

"Hans, buchstabiere bitte: 'Opa'."

"O-P-A, Opa."

"Sehr gut. Maria, buchstabiere bitte: 'Oma'."

"O-M-A, Oma."

„Wunderbar. ... Und jetzt du, Murad, buchstabiere mal: 'Rassendiskriminierung'."

15. Antike Vase

Paul zerscheppert in der Wohnung seines Onkels eine große Vase. Der erblasste Onkel stammelt: "Die Vase war aus dem 17. Jahrhundert!"

Darauf Paul erleichtert: "Gott sei Dank, ich dachte schon, sie sei neu".

16. Wie lange?

Tochter: "Mama, wie lang bist Du schon mit Papa verheiratet?"

Mutter: "Ganze zehn Jahre, meine liebe Tochter!"

Tochter: "Und wie lange musst Du noch?"

17. Tor

Zwei Freunde schauen Fußball: „Ein gutes Spiel“, sagt der eine, „nur die Tore fehlen!“

„Wieso, da stehen doch zwei!“

18. Schlafen

Papi bringt seinen kleinen Sohn ins Bett. Nach einer Weile öffnet die Mutter ganz vorsichtig, nur einen kleinen Spalt weit, die Tür und fragt leise: "Und ist er schon eingeschlafen?"

Antwortet der kleine Sohn: "Ja, und er schnarcht!"

19. Hunde

Schild in der U-Bahnstation: „Auf der Rolltreppe müssen Hunde getragen werden!“

Passant: „Und wo bekomme ich jetzt auf die Schnelle einen Hund her?“

20. Spinat

Im Jahr 1950: Immer mehr Haushalte bekommen Telefon. Klein Sybille schiebt einen Stuhl an die Anrichte klettert drauf, greift zum Hörer, und wählt.

„Ist da der Gemüsemann?" - "Ja." - "Meine Mutter kommt gleich. Sagen Sie ihr, Sie haben keinen Spinat mehr ..."

21. Autofahrt

Der vierjährige Dieter darf mit Papi eine längere Autofahrt mitmachen. Abends zu Hause fragt die Mutter: "Na, ihr Zwei, wie war es denn?"

Der kleine total begeistert: "Ganz toll! Wir haben zwei Hornochsen, einen Knallkopp, sechs Armleuchter und einen Vollidioten überholt...."

22. Gebet

Im Religionsunterricht fragt der Pfarrer den Stefan, ob er denn auch schön jeden Abend daheim ein Gebet spricht. "Das tut meine Mami immer für mich", entgegnet der Junge.

„Und was betet sie?" - "Gott sei Dank, dass er endlich im Bett ist!"

23. Essen

Der 5-jährige Sven hat noch nie ein einziges Wort gesprochen. Eines Tages sagte er am Mittagstisch: „Es fehlt Salz in der Suppe“.

Erschrocken bis ins Mark schauen sich die Eltern an. Nachdem der erste Schreck überwunden ist, fragt die Mutter mit zittriger Stimme: „Sven, warum hast du denn die ganze Zeit nichts gesagt? Wir waren ja voller Sorge“.

Darauf Sven: „Warum sollte ich? Bis jetzt war das Essen doch in Ordnung.“

24. Zauberwort

Max sitzt am Frühstückstisch und will die Marmelade haben. Seine Mutter fragt: "Wie heißt das Zauberwort mit zwei "t"?

Max: "Flott?"

25. Eis

„Mami möchtest du ein Eis?" — "Nein." — "Gut. Jetzt frag du mich!"

26. Fragen

Peter: "Mami, ist der stille Ozean wirklich ganz still?"

Mutter: "Peter, kannst Du nicht mal was vernünftiges fragen?"

Peter: "Hm, wann ist das tote Meer gestorben?"

27. Petzen

Ein Pfarrer hat einen Garten voller Apfelbäume. Jeden Tag verschwinden ein paar Äpfel. Da schrieb der Pfarrer ein Schild, darauf stand: "Gott sieht alles."

Am nächsten Tag stand darunter: "Aber er petzt nicht."

28. Gute Laune

"Bei uns zu Hause ist jeder voll mies drauf", klagt Fritz bei seinem Freund.

„Der Einzige, der gut aufgelegt ist, ist der Telefonhörer!"

29. Terrasse

Zwei Kinder kommen aus dem Kindergarten: „Hör mal, ich gestern ein Kondom auf der Terrasse gefunden."

Darauf das andere Kind ganz entsetzt: „Was ist denn eine Terrasse?"

30. Und sonst so

Es ging eine Uhr zum Arzt und der Arzt sagte du tickst nicht mehr richtig.

31.

Treffen sich zwei Rühreier, sagt das eine: "Irgendwie bin ich so durcheinander ... !"

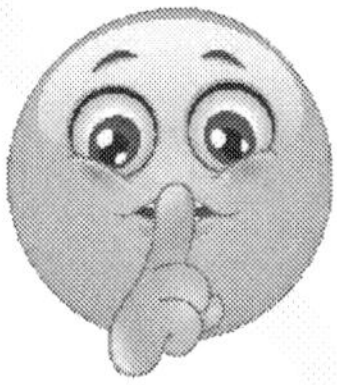

32.

Was liegt die ganze Zeit auf der Erde, wird aber niemals dreckig?- Dein Schatten!

33.

„Wie heißt den dein neuer Hund?" – „Keine Ahnung, er will es nicht sagen."

34.

Womit endet die Ewigkeit??? Mit "t" ...

35.

Was ist klein, rot und fährt ständig rauf und runter? Eine Kirsche im Fahrstuhl ...

36.

Wer reist ständig kostenlos um die Welt???
Der Mond!

37.

Was ist, wenn man C & A in die Luft Sprengt? Antwort: Dann hat das Alphabet nur noch 24 Buchstaben.

38.

Warum trinken Mäuse keinen Alkohol? Weil sie Angst vor dem Kater haben!

39.

Warum laufen Dudelsackspieler bei Musizieren? Weil bewegliche Ziele schwerer zu treffen sind.

40. Knobeln

Uli und Monika knobeln. Uli erklärt: "Ich werfe das Geldstück jetzt hoch. Bei Kopf gewinne ich, bei Zahl verlierst du!"

41. Überlegen

"Papa, was macht ein Storch, wenn er auf einem Bein steht?"

„Na was wohl, er überlegt den nächsten Schritt."

42. Streicheln

Fritzchen sitzt am See und angelt. Ein Spaziergänger fragt: "Und, beißen die Fische?"9

Fritzchen antwortet entnervt: "Nein, Sie Können sie, ruhig streicheln."

43. Vater & Sohn

Der stolze Vater prahlt beim Kaffee, wie toll sein einjähriger Sohn schon sprechen kann.

"Bubi, sag' mal Rhinozeros!"

Der Kleine kommt zum Tisch gekrabbelt, zieht sich an der Tischkante hoch, schaut skeptisch in die Runde und fragt: "Zu wem?"

44. Zeitung lesen

Der Jüngling zu seinem Vater: "Du Paps, soll ich dir von meiner ersten Fahrt mit deinem Auto erzählen, oder willst du es morgen in der Zeitung lesen?"

45. Hausaufgaben

Vater ganz stolz zum Sohn: "Du Kind, warum hast du eigentlich mein Bild in dein Schulheft geklebt?."

Kind: "Weil die Lehrerin sehen wollte, welcher Dummkopf mir bei den Hausaufgaben hilft."

46. Fahrrad

"Hallo, Ute! Wie geht dein neues Fahrrad?"

"Mein neues Fahrrad geht nicht, es fährt."

"Und wie fährt es?"

"Es geht."

Sepp fährt mit seinem Fahrrad, es ist fast dunkel. Ein Polizist hält ihn an. "Wie heißt du?"

"Josef Schlickermeyer" antwortet Seppi cool.

"Und dein Alter?" fragt der Polizist weiter.

„Auch Schlickermeyer."

47.

Marina braust schwungvoll mit dem Fahrrad daher — und wumms, liegt sie auch schon auf der Nase.

Eine Spaziergängerin hat's gesehen und fragt voller Mitgefühl: "Bist du gestürzt?"

Knurrt Marina zurück: "Nein, ich steige immer so ab!"

48.

Mädchen mit Fahrrad — Polizist & Christkind

Steht ein kleines Mädchen mit seinem neuen Mountainbike an der Ampel. Kommt ein Polizist auf einem Pferd ... weiter

49. Fahrkarte

Eine Oma zeigt dem Busfahrer die Fahrkarte. "Das ist ja eine Kinderfahrkarte meine Dame!" stellt der Busfahrer fest.

Sagt die Dame: "Da können sie mal sehen wie lange ich auf diesen Bus gewartet habe!"

50. Telefon

Bei Familie Müller klingelt das Telefon. Ein kleiner Junge meldet sich: „Hallo?"

„Hallo, hier spricht Schmidt. Ist Deine Mama da?"

„Ja."

„Kann ich sie mal sprechen?"

„Nein, die ist im Momment beschäftigt."

„Ist Dein Papa da?"

„Ja."

„Kann ich den mal sprechen?"

„Nein, der ist gerade beschäftigt."

„Ist sonst jemand da?"

„Ja, die Polizei."

„Kann ich einen der Polizisten sprechen?"

„Nein, die sind gerade beschäftigt."

„Ist sonst jemand da?"

„Ja, die Feuerwehr."

„Kann ich einen der Feuerwehrmänner sprechen?"

„Nein, die sind gerade beschäftigt."

„Ja zum Donnerwetter! Was treiben die denn alle!?"

„Die suchen mich!"

51. Kleiner Eisbär

Ein kleiner Eisbär geht zu seiner Mutter und fragt:

„Mama, bist Du auch ein Eisbär?“

„Ja, sicher.“

„Wenn Du einer bist bin ich sicher auch einer. Und Papa? Ist das auch ein Eisbär?“

„Ja; ein großer schöner Eisbär.

„Und Oma und Opa, sind die auch Eisbären gewesen?“

„Ja natürlich...“

„Und der Uropa und die Uroma waren auch Eisbären?“

Eisbären Mutter (gebrochene, gequälte Stimme): Jaaaa. Warum fragst Du denn die ganze Zeit? Was ist los mit Dir?

Kleiner Eisbär (weinerlich) „Ach Mami, mir ist sooo kalt!“

52. Himmel

Ein Dino-Kind fragt seine Mutter: "Komm ich in den Himmel wenn ich tot bin?" — "Nein, mein Schatz, ins Museum."

53. Ab ins Bett

Am Abend ruft die Holzwurmmutter ihren Kindern zu: "Husch, husch ins Brettchen!"

54. Schere

Paul klopft an die Tür der Nachbarin: «Mutter lässt fragen, ob wir Ihre Schere haben könnten.» - «Aber selbstverständlich. Habt ihr denn keine?» - «Doch, aber die wollen wir nicht zum Dosenöffnen benützen.»

55. Schweinestall

Ein Futtermittel-Vertreter kommt auf einen Bauernhof. Er fragt den kleinen Sohn des Bauern: «Wo kann ich deinen Vater finden?» - «Er ist im Schweinestall. Sie erkennen ihn am karierten Hemd.»

56.

In einem feinen Restaurant.Ein Gast wartet schon länger auf sein Essen.Er fragt den Ober:'Haben Sie Froschschenkel ? Ober:'Natürlich, mein Herr !'.Gast:'Dann hüpfen Sie schnell in die Küche und holen mein Essen !'

57.

Lea zu ihrer besten Freundin Anne: 'Oh je, meine Mutter kocht vor Wut!' Anne: 'Hast du's gut, bei uns gibt es um die Uhrzeit nie etwas Warmes zu essen..'

58.

Der Lehrer erklärt den Kindern, dass Wörter die mit der Vorsilbe -un beginnen meistens negativ sind. Der Lehrer fragt: kann mir jemand ein Beispiel nennen? Da antwortet Maxi: 'UNTERRICHT'.

59.

Drei Handwerker diskutieren über das Alter ihres Berufes. Jeder glaubt den älteren zu haben. Sagt der Maurer: 'Ich habe den ältesten Beruf, wir Maurer haben schon die Pyramiden in Ägypten gebaut.' Antwortet der Gärtner: 'Das ist noch gar nichts. Mein Beruf ist noch älter, wir Gärtner haben schon den Gaden Eden gepflanzt.' Sagt der Elektriker: 'Ach was! Die Elektriker sind die ältesten: Als Gott sprach, dass es Licht werde haben wir schon vorher die Leitungen verlegt.'

60.

Späht Abends im Restaurant.Ein Gast will nur eine Kleinigkeit.Der Ober empfielt ein Sandwitch,zu viel, ein Ei, zu viel.Ein anderer Gast.Fangen sie doch eine Fliege, das entlich eine Ruh ist !

61.

Bei einem Scheidungsprozess fragt der Anwalt den Gatten ungläubig: 'Sie haben zehn Jahre nicht mit Ihrer Frau gesprochen. Weshalb?' Gatte: 'Ich wollte sie nicht unterbrechen.'

62.

Ein Mann sitzt schweigend im Zug und kaut an einem Kaugummi. Die Dame gegenüber sagt: Das ist ja sehr nett von Ihnen mir so viel zu erzählen, aber leider bin ich taub!

63.

Jürgen wird an der Grenze angehalten. Der zöllner fragt : Können Sie sich identifizieren ? Jürgen kramt in seiner Tasche, holt einen Spiegel hervor, blickt hinein und sagt : ˝ Ja, ich bińs !

64.

‚Herr Lehrer, was heißt das, was Sie unter meinen Aufsatz geschrieben haben?' Lehrer: 'Du musst deutlicher schreiben!'

65.

Der Lehrer möchte das Hansi an der Wandtafel bruchrechnungen löst, worauf Hansi aber meint.: ich fahre weder Ski noch Motorrad, wozu brauche ich dann Bruchrechnung?

66.

Welches ist das stärkste Tier? - Die Schnecke, denn sie trägt ihr eigenes Haus!

67.

„Na, wie gefällt es dir in der Schule?" - „Eigentlich ganz gut. Schade nur, dass der Lehrer so wenig weiss - andauernd stellt er Fragen!"

68.

Der lehre: Wissen alle was ihr machen müsst?? Klasse: Jaa Klaus zum Pultnachbar: was müssen wir machen??? Pultnachbar zu Klaus: Keine Ahnung....

69.

Unterhalten sich 2 Golfbälle. Sagt der eine: Wenn ich groß bin, möchte ich ein Fußball werden!

70.

Zwei Eisbären treffen sich in der Wüste. Einer zum anderen: Die müssen ja einen strengen Winter haben- alles gestreut!

71.

„So eine Unverschämtheit! Da bestellen sie mich, um die Klingel zu reparieren, und dann macht niemand auf, wenn man läutet!"

72.

Die Stewardess verteilt im Flugzeug Kaugummi. „Das ist gut für die Ohren." Älterer Herr nach einigen Stunden: „Können Sie mir mal sagen, wie man das Zeug wieder aus den Ohren herausbekommt?"

73.

Familie Garten isst Salat. Die Mutter zum Vater: Was sagst du eigentlich zu der Schnecke im Salat? Der Vater: Gar nichts. Die versteht mich doch gar nicht!

74.

Natürlich müsste ich mal die Fenster putzen, aber Privatsphäre ist auch wichtig.

75.

Alle Kinder waschen sich, nur nicht Rainer, den wäscht keiner.

76.

Sagt der kleine Erwin zu seinem Vater: 'Strom wird teurer, Papa. Sei froh, dass ich keine Leuchte bin!.'

77.

Heute hat mich mein Sohn umarmet . Zuerst dachte ich, ,, Och wie süsś´. Doch dann geht er zu seinem Papa und sagt, ,, Ja, sie hat tatsächlich zugenommen.?? .

78.

Was macht eine Wolke wenn es sie juckt? Sie fliegt zu einem Wolkenkratzer!

79.

Ein Pferd steht auf einer Weide. Am Zaun hängt ein Schild:

>>Bitte das Pferd nicht füttern ! Der Besitzer.

>Bitte das Schild nicht beachten ! Das Pferd.

80.

Was sagt ein Hammer zu einem Daumen? Antwort: Schön dich mal wieder zu treffen.

81.

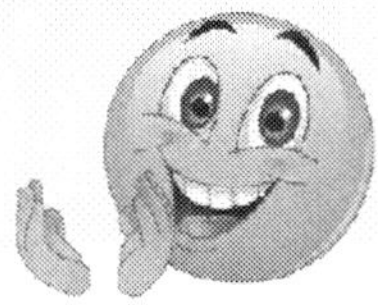

´´ Herr Ober, da ist Fleisch in meiner Suppe, ich bin Vegetarier. ´´ Dann dürfen sie keine Bär-Lauch- Suppe bestellen.´´

82.

„Hast du schon einmal gesehen, wie ein Kälbchen geboren wird?", fragt der Bauer den kleinen Fritz. „Nein, wie denn? Zuerst kommen die Vorderbeine, dann der Kopf, dann die Schultern und der Körper und zum Schluss die Hinterbeine." – „Toll, und wer bastelt das dann alles wieder zusammen?"

83.

Lehrerin zum kleinen Fritzchen: „Na Fritzchen, weißt du schon was Glocke auf Englisch heißt?" -
- Fritzchen: „Ich weiß es nicht" - Lehrerin: „Bell"
- Fritzchen: „Wuff, Wuff"

84.

Warum müssen Beamte schon um 6 Uhr aufstehen ? Weil sie dann Feierabend haben und nach Hause gehen wollen.

85.

Der Lehrer fragt Fritzchen: 'Wo wurde der Friedensvertrag von 1918 unterschrieben?' Nach längerem Nachdenken kommt die Antwort: 'Unten rechts!'

86.

Der Direktor brüllt die Sekretärin an: 'Seit wann schreibt man physikalisch mit V?' Die Sekretärin antwortet: 'Was kann ich dafür, wenn am Computer das F kaputt ist!'

87.

Zwei Männer treffen sich. Der eine ist auffällig dick der andere ist auffällig dünn. Sagt der Dicke: 'Wenn man dich so anschaut, könnte man denken, eine Hungersnot sei ausgebrochen.' Antwortet der Dünne: 'Ja, und wenn man dich so anschaut, könnte man denken, du seist schuld daran.'

88.

Laura geht zum Lehrer und sagt: 'Mein Brot wurde gestohlen!'

Lehrer: 'Mit Absicht?' Laura: 'Nein mit Butter!'

89.

Was macht ein Mathematiker im Garten?
Wurzeln ziehen.

90.

Kind, hast du nicht Lust, mit dem Elektroelephanten zu spielen?' 'Mama, ich bin schon 13. Kannst du mir bitte ganz normal sagen, dass ich Staubsaugen soll.

91.

Eine Katze und eine Maus kommen in eine Bäckerei. Maus: „Ich möchte gerne ein Stück Pflaumenkuchen mit Sahne.“ , „und sie?“ fragt die Verkäuferin die Katze. „Ich möchte nur einen Klacks Sahne auf die Maus.“

92.

Zwei Freundinnen die sich lange nicht mehr gesehen haben treffen sich: 'Bist du eigentlich noch mit diesem Peter verlobt' 'Nein' 'Zum Glück nicht. Der stank immer so!' 'Wir sind jetzt verheiratet.'

93.

Fritzchen sagt zur Mama: Der Apfel schmeckt mir überhaupt nicht. Mama erwidert: Hast du ihn den gut abgewaschen? Darauf Fritzchen: Ja, sogar mit Seife!

94.

Ein Mann liest in einem Magazin und sagt zu seiner Frau: „Du Schatz, hier steht, dass Frauen in einem Jahr fast doppelt so viel sprechen, wie Männer“. Sagt die Frau: „Tja, das liegt daran, dass wir euch immer alles zweimal sagen müssen“

95.

Paul zerscheppert in der Wohnung seines Onkels eine große Vase. Der erblasste Onkel stammelt: “Die Vase war aus dem 17. Jahrhundert!” Darauf Paul erleichtert: “Gott sei Dank, ich dachte schon, sie sei neu”.

96.

Lehrer: So Tom du gehst jetzt vor die Tür, dein Gelaber interessiert keinen!

Schüler: Dann können Sie ja gleich mitkommen!

97.

Zwei Freunde schauen Fußball: „Ein gutes Spiel“, sagt der eine, „nur die Tore fehlen!“ „Wieso, da stehen doch zwei!“

98.

Was sagt eine Schnecke, wenn sie auf einer Schildkröte reitet? huiiiiiiii ist das schnell

99.

Mami, Mami. Alle sagen, ich wäre ein Monstrum.”
“Aber nein, mein Schatz. Und jetzt zieh deinen fünfbeinigen Pyjama an und leg dich schlafen.”

100.

Was heißt Ofen auf Chinesisch? Ist doch klar: Hei Zung.

101.

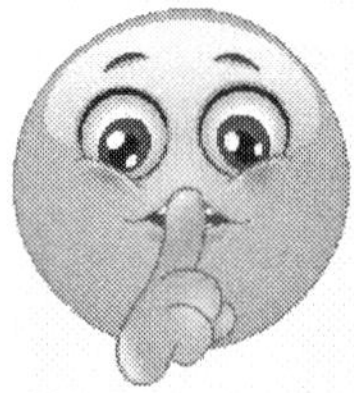

Gute Nachricht: Ich bekomme endlich den obersten Knopf meiner superengen Jeans zu. – Schlechte Nachricht: Habe sie leider nicht an.

102.

Was lebt in der Wüste, ist grün und hat eine pinke Handtasche bei sich? Das Kaktusse

103.

Schild in der U-Bahnstation: „Auf der Rolltreppe müssen Hunde getragen werden!“ Passant: „Und wo bekomme ich jetzt auf die Schnelle einen Hund her?“

104.

Mein Freund sagte: Ich habe ein Geheimnis.

Ich sagte: Spucks aus! Der meinte okay und spuckte einen See. Leider weiß ich sein Geheimnis immer noch nicht.

105.

Treffen sich zwei Muffins im Backofen. Sagt der eine: 'Puh ist das heiß hier drin!' Sagt der andere: 'Omg ein sprechender Muffin!'

106.

Oma fragt den kleinen Jens: 'Na, mein Junge, wie geht es dir denn so? "Eigentlich ganz gut. Nur mit deiner Tochter habe ich manchmal Probleme!'

107.

Der Lehrer erklärt den Kindern, dass Wörter die mit der Vorsilbe -un beginnen meistens negativ sind. Der Lehrer fragt: kann mir jemand ein Beispiel nennen? Da antwortet Maxi: 'UNTERRICHT'.

108.

Fritzchen geht mit seiner Oma spazieren und sieht plötzlich auf dem Gehweg ein Spielzeugauto. Als er es gerade aufheben will, sagt Oma: 'Nein Fritzchen, was auf dem Boden liegt, hebt man nicht auf.' Dann gehen sie weiter und Fritzchen sieht eine 2 Euro-Münze auf dem Boden liegen. Als er gerade danach greifen möchte, sagt die Oma: 'Nein Fritzchen, was auf dem Boden liegt, hebt man nicht auf.' Plötzlich rutscht die Oma aus und fällt hin. Sie bitten Fritzchen, ihr hoch zu helfen. Darauf Fritzchen: 'Nein Oma, was auf dem Boden liegt, hebt man nicht auf.'

109.

Im Zoo trifft ein Elefant auf zwei Ameisen. Fragen die Ameisen: „Wollen wir kämpfen.“ Sagt der Elefant: Zwei gegen einen ist unfair.

110.

Vater zum Sohn: 'Wie,eine 6 in Deutsch? Hab doch geübt mit du.'

111.

Mami, warum ist der Himmel so hoch? - Antwortet Mami: Damit sich die Vögel nicht den Kopf stoßen

112.

„Mein kleiner Bruder wird Mittwoch getauft”
“Mittwoch? Blöder Name!“

113.

Laufen 2 Tomaten über die Strasse, wird eine überfahren, sagt die andere: 'komm mit Ketchup'

114.

Ich bin hier der Einzige, der arbeitet!', schimpft der Lehrer vor der Klasse. Stimmt', pflichtet ihm ein Schüler bei, Sie sind ja auch der Einzige, der Geld dafür bekommt!'

115.

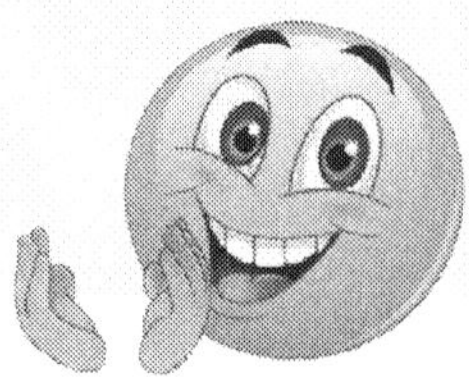

Was ist süß und läuft durch die Wüste? Das Karamel

116.

Wohin fliegt eine Wolke wenn sie Juckreiz hat? Zum Wolkenkratzer.

117.

Wie nennt man einen Mann, der Geld aus dem Fenster wirft ? Einen Scheinwerfer.

118.

Treffen sich 2 Schnecken an der Straße. Will die eine herübergehen. Sagt die andere: “Vorsichtig in einer Stunde kommt der Bus.”

119.

Am Heiligabend fragt der Vater seinen Sohn:' He Max kannst du bitte den Christbaum anzünden? ' Nach einer Weile fragt Max seinen Vater:' Die Kerzen auch?'

120.

Eine Ameise erwartet Besuch von einem Tausendfüßler . Nach einer Stunde Verspätung klingelt dieser endlich an der Haustür der Ameise . Die Ameise fragt: Wo warst du so lange? Der Tausendfüßler antwortet: Draußen vor der Tür ist ein Schild mit der Aufschrift: Bitte Schuhe abnutzen.

121.

‚Warum weinst du? Ist jemand gestorben?' 'Wegen der Zwiebeln!' 'Jetzt übertreibt ihr Veganer aber wirklich!'

122.

Die Mutter zu ihren Sohn: 'Bin ich dir eigentlich eine gute Mutter, Paul?' Sohn: 'Ich heiße Klaus ...'

123.

Was macht der Clown im Büro? Faxen!

124.

Was spricht man in der Sauna? Schwitzerdeutsch!

125.

Wie nennt man einen Spanier, der kein Auto hat? Carlos!

126.

Der alte Mann

"Mama, kannst du mir 50 Cent geben für einen alten Mann?"

"Ja, gern, Heini, es freut mich, dass du einem alten Mann helfen willst. Wo ist er denn?"

„Er steht nebenan vor dem Kaufhaus und verkauft Eis."

127. Zauberwort

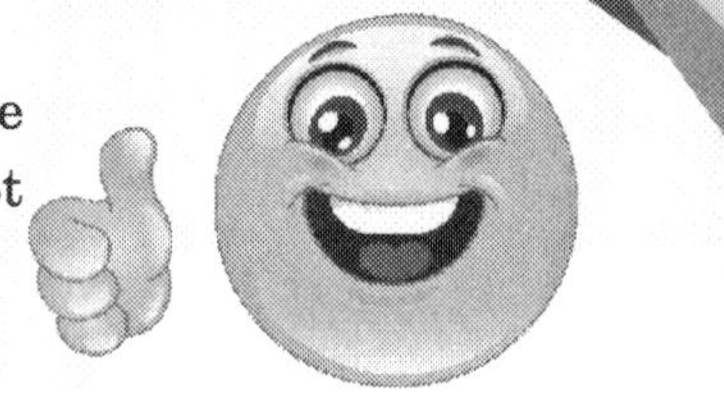

Max sitzt am Frühstückstisch und will die Marmelade haben. Seine Mutter fragt: "Wie heißt das Zauberwort mit zwei "t"?

Max: "Flott?"

128. Im Spukhaus

Ein Mann geht in ein Hotel und fragt: "Ist hier noch ein Zimmer frei?"

Der Vermieter sagt: "Ja, aber da spukt es."

Der Mann nimmt das Zimmer trotzdem. Abends geht er auf die Toilette, dann hört er eine Stimme rufen: "Ich sitze unter Dir und möchte Blut von Dir!"

Da rennt der Mann erschrocken weg.

Am nächsten Tag kommt seine Frau ins Hotel und fragt: "Ist hier noch ein Zimmer frei?"

Der Vermieter sagt: "Ja, aber da spukt es".

Die Frau nimmt das Zimmer trotzdem. Abends geht sie auf die Toilette, dann hört sie eine Stimme rufen: "Ich sitze unter Dir und möchte Blut von Dir!"

Da rennt sie erschrocken weg.

Am nächsten Tag kommt das Kind der beiden ins Hotel und fragt: "Ist hier noch ein Zimmer frei?"

Der Vermieter sagt: "Ja, aber da spukt es."

Das Kind nimmt das Zimmer trotzdem. Abends geht es auf die Toilette, dann hört es eine Stimme rufen: "Ich sitze unter Dir und möchte Blut von Dir!"

Darauf sagt das Kind: "Ich sitze über Dir und brauche Klopapier!"

129. Fritzchen und der Laufstall

Klein-Fritzchen ist unterwegs zum Dachboden. Dort angekommen, sieht er den alten Laufstall, in dem er selbst als Baby oft gekrabbelt ist. Er stürmt wieder runter und ruft: "Mami, Mami, wir kriegen bald ein neues Baby!" "Wie kommst Du denn darauf?" fragt die Mutter erstaunt. Fritzchen: "Na, die Falle ist doch schon aufgestellt!"

130. Scherzfrage

Was ist das Gegenteil von Japan?

Neinpan!

131. Fritzchen am Telefon

Bei Familie Müller klingelt das Telefon. Fritzchen meldet sich: "Hallo?"

"Hallo, hier spricht Herr Meier. Ist Deine Mama da?"

"Ja."

"Kann ich sie mal sprechen?"

"Nein, die ist gerade beschäftigt."

"Ist Dein Papa da?"

"Ja."

"Kann ich den mal sprechen?"

"Nein, der ist gerade beschäftigt."

"Ist sonst jemand da?"

"Ja, die Polizei."

"Kann ich einen der Polizisten sprechen?"

"Nein, die sind gerade beschäftigt." "Ist sonst jemand da?" "Ja, die Feuerwehr."

"Kann ich einen der Feuerwehrmänner sprechen?"

"Nein, die sind gerade beschäftigt."

"Ja zum Donnerwetter! Was treiben die denn alle!?"

„Die suchen mich!"

132. Im Auto mit Papa

Der vierjährige Ben darf mit Papa eine lange Autofahrt mitmachen. Abends zu Hause fragt die Mutter: "Na, ihr beiden, wie war es denn?“

Der Kleine total begeistert: "Ganz toll! Wir haben zwei Hornochsen, einen Knallkopp, sechs Armleuchter und einen Vollidioten überholt."

133. Scherzfrage

Wozu braucht der Polizist eine Schere?

Um Einbrechern den Weg abzuschneiden.

134. Fritzchen und der Eisbär

Lehrerin: "Warum ist ein Eisbär weiß?"

Fritzchen: "Wäre er rot, würde er ja Himbär heißen."

135. Scherzfrage

Wie nennt man einen Bären, der schreiend auf einer Kugel sitzt?

136. Fritzchen und die Strafe

Fritzchen fragt seinen Klassenlehrer: "Herr Lehrer, kann man für etwas bestraft werden, was man nicht getan hat?"

"Natürlich nicht. Das wäre ungerecht."

„Gut", sagt Fritzchen. "Ich habe meine Hausaufgaben nicht gemacht!"

137.

Was essen Autos am liebsten?

Parkplätzchen.

138.

Gespenster auf Jobsuche

Sagt das erste: "So, hast du jetzt den Job im Restaurant bekommen?"

Sagt das andere: "Ja."

Fragt das erste wieder: "Als Kellner?"

Das andere antwortet: "Nein, als Tischtuch!"

139.

Was ist weiß und kriecht den Berg hinauf?

Eine Lawine mit Heimweh.

140.

Schülerwitz:.Monitor

Der Deutschlehrer fragt seine Schüler: "Wer kann mir sagen, ob es der Monitor oder das Monitor heißt?"

Fritzchen antwortet: "Eigentlich heißt es DER Monitor. Aber wenn Moni beim Fußball ein Tor schießt, heißt es DAS Monitor."

141.

Scherzfrage

Wo wohnen Katzen?

Im Miezhaus!

142.

Neues Fahrrad

"Hallo, Ute! Wie geht dein neues Fahrrad?"

"Mein neues Fahrrad geht nicht, es fährt."

"Und wie fährt es?"

„Es geht."

143.

Im Bus

Eine Oma zeigt dem Busfahrer die Fahrkarte.

"Das ist ja eine Kinderfahrkarte, meine Dame!" stellt der Busfahrer fest.

Sagt die Oma: "Da können sie mal sehen, wie lange ich auf diesen Bus gewartet habe!"

144.

Stimmen

Klein-Erna: "Frau Doktor, ich höre immer Stimmen, sehe aber niemanden."

Ärztin: "Wann passiert das denn?"

Klein-Erna: "Immer, wenn ich telefoniere."

145.

Scherzfrage

Wie nennt man einen Bumerang, der nicht zurückkommt?

Stock

146.

Paul klopft an die Tür der Nachbarin: «Mutter lässt fragen, ob wir Ihre Schere haben könnten.» – «Aber selbstverständlich. Habt ihr denn keine? » – «Doch, aber die wollen wir nicht zum Dosenöffnen benutzen.»

147.

Gast beschwert sich : „Früher waren die Portionen hier aber viel größer als heute!"

Ober beschwichtigend: „Das meinen Sie nur, mein Herr! Wir haben nur inzwischen das Lokal vergrößert!"

148.

Was passiert wenn man ein lila Hemd ins rote Meer wirft? :'Es wird nass.'

149.

Warum summen Bienen? Weil sie den Text nicht kennen.

150.

Lehrer: „Thomas, warum bist Du immer so schmutzig?!“ Thomas: „Na ja, ich bin doch viel näher am Boden als Sie!“

151.

Tom kommt weinend nach Hause. „Was ist passiert?“, fragt die Mutter besorgt. „Im Kindergarten wussten alle, dass der Storch die Babys bringt. Nur ich bin mit deiner doofen Geschichte von Mann und Frau und der besonderen Umarmung aufgefallen.“

152.

Kind, wo ist dein Zeugnis? – Bei meinem Freund Heiko. – Warum? – Er wollte seine Eltern erschrecken.

153.

Am Abend ruft die Holzwurmmutter ihren Kindern zu: „Husch, husch ins Brettchen!“

154.

Mutter: «Petra, möchtest du lieber ein Brüderchen oder ein Schwesterchen?»

Petra: «Och, wenn es nicht zu schwer für dich ist, Mutti, möchte ich am liebsten ein Pony.»

155.

Seit Jahrzehnten erklären alle Eltern ihren Kindern: „Esst eure Teller leer, dann wird schönes Wetter!“

Und was haben wir davon?

Fette Kinder und eine Klimaerwärmung!

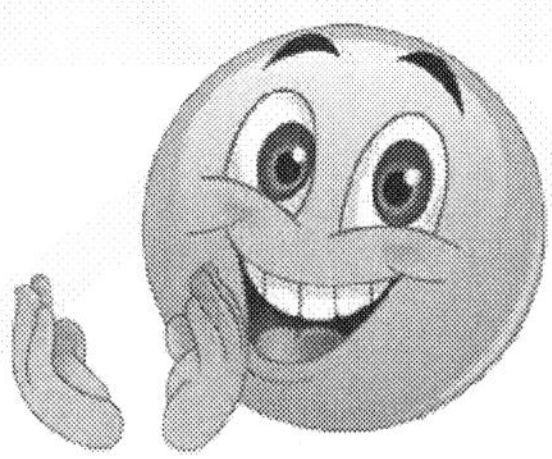

156.

„Ich glaube meine Mutter versteht nichts von Kindern", sagt Marie.

„Wie kommst du denn darauf?", fragt Tante Emma.

„Wenn ich wach bin, schickt sie mich ins Bett, und wenn ich müde bin, weckt sie mich auf."

157.

Fritzchen fragt seinen Vater, ob er aufs 50-Cent Konzert gehen darf.

Fritzchens Vater sagt: Ich gebe die 1€, dann kannst du deine Schwester mitnehmen.

158.

Beim Mittagessen sagt Erna zu ihrer Mutter: „Jetzt habe ich die Möhren genau 18 mal gekaut, Mama!""Das ist sehr brav." sagt die Mutter.Erna zieht ein Gesicht und fragt dann weinerlich: „Und was soll ich jetzt damit machen?"

159.

„Warum weinst du denn, Kleiner?" – „Weil kein Auto kommt." – „Na und?" – „Wir haben in der Schule gelernt, dass man erst dann über die Straße gehen darf, wenn das Auto vorbei ist!"

160.

„Fritzchen, was ist Dein Lieblingstier?"

„Schwein.....tot, zerhackt, paniert, mit Pommes und Ketchup!"

161.

Ein kleiner Junge war zwei Tage nicht in der Schule. Am dritten Tag bringt er die Entschuldigung für seine Lehrerin: „Hiermit entschuldige ich das Fehlen meines Sohnes in der Schule. Er war sehr krank. Hochachtungsvoll, meine Mutter"

162.

Nadja liegt einen Tag vor ihrem Geburtstag im Bett und liest. Ihre Mutter kommt ins Zimmer uns sagt streng: „Ich mache das Licht jetzt aus, du musst schlafen!“ Nadja: „Mutti, das geht nicht. Ich muss wissen, wer die Prinzessin bekommt. Auf dem Buch steht für Kinder zwischen 8 und 10. Morgen bin ich doch aber 11!“

163.

Lehrerin zur Klasse: „Jeder der denkt, er sei doof, steht bitte auf.“ – Fritzchen steht als einziger auf. – Lehrerin: „Fritzchen, warum bist du aufgestanden, denkst du, du bist blöd?“ – Fritzchen: „Nein, aber ich wollte Sie dort nicht alleine stehen lassen.“

164.

Eine Oma zeigt dem Busfahrer die Fahrkarte. “Das ist ja eine Kinderfahrkarte meine Dame!” stellt der Busfahrer fest.

Sagt die Dame: “Da können sie mal sehen wie lange ich auf diesen Bus gewartet habe!”

165.

Meier stürzt in einen Haushaltswarenladen: «Schnell eine Mausefalle! Ich muss den Bus noch erwischen!»

Verkäufer: «Tut mir leid, aber so grosse Fallen haben wir nicht!»

166.

Sohn zum Vater: „Papa, warum hast du Mama eigentlich geheiratet?“ Vater zu Mutter: „Siehst du, Lisa, nicht mal das Kind versteht es!“

167.

Mama: „Und Patrick, wie war es in der Schule?“ Patrick: „Echt klasse; wir haben Sprengstoff hergestellt!“ Mama: „Ihr macht ja wirklich tolle Sachen. Und was macht Ihr Morgen in der Schule?“ Patrick: „Welche Schule?“

168.

Lehrerin: „Wer morgen weiß, wo die Babys herkommen, darf früher nach Hause. “Paul fragt zu Hause seine Oma, die ihm erklärt: „Babys kommen aus dem Apfelbaum!“ Am nächsten Morgen steckt sich Paul einen Apfel in die Hosentasche. Auf die Frage der Lehrerin faßt er in die Tasche und fragt: „Soll ich ihn rausholen?“ “Nein, aber du darfst gehen…“

169.

Die Mutter schimpft: „Wenn du dich weiterhin so benimmst, geben wir dich in ein Internat, damit du gute Manieren lernst.“

Sagt der Sohn: „Kann ich die denn nicht zu Hause lernen?“

170.

Lehrer: „Was ist Dein Vater?“ Schüler: „Krank.“ Lehrer: „Ich will wissen, was er macht.“ Schüler: „Er hustet.“ Lehrer: „Aber nein! Was treibt er, wenn er gesund ist?“ Schüler: „Da hustet er nicht!“

171.

Lehrerin: „Tim, nenn mir doch mal die Sinne, die dir bekannt sind.“

Antwortet Tim: „Schwachsinn, Unsinn und Blödsinn!“

172.

Ein Lehrer erwischt einen Schüler beim Schlafen im Unterricht: Ich glaube hier ist nicht der richtige Platz, um zu schlafen. Antwortet der Schüler: Das geht schon, wenn sie nur ein bisschen leiser reden könnten.

173.

Lehrerin: Fritzchen, deine Rechtschreibung ist so schlecht.

Fritzchen antwortet: Die Rechtschreibung gilt für mich nicht, ich bin Linkshänder.

174.

In der Schule fragt die Lehrerin: „Was ist flüssiger als Wasser." Daraufhin ein Schüler: „Hausaufgaben, die sind überflüssig".

175.

Der Lehrer zeigt zwei Eier. Das eine Ei ist braun und das andere weiß.

Der Lehrer fragt die Schüler: Was bemerkt ihr?

Ein Schüler antwortet: Das braune Ei war wohl im Urlaub.

176.

Wie unterscheiden sich die Schule und ein Irrenhaus? – Die Telefonnummer.

177.

Die Schulklasse ist zusammen mit ihrem Lehrer fotografiert worden. Der Lehrer empfiehlt seinen Schülern, sich Abzüge machen zu lassen.

„Stellt euch vor, wie nett es ist, wenn Ihr nach dreißig Jahren das Bild wieder zur Hand nehmt und sagt: Ach, das ist ja der Paul, der ist jetzt auch Lehrer; und das ist doch Fritz Lehmann, der ist Bäcker geworden; und da steht doch der Heiner, der ist nach Amerika ausgewandert…"

Ertönt da aus der letzten Reihe eine Stimme: „Und das war unser Lehrer, der ist schon lange tot!"

178.

Mike kommt aufgeregt und zu spät in die Schule: „Ich bin von Räubern überfallen worden!"

„Und was hat man dir geraubt?", will der Lehrer wissen.

„Gott sei Dank nur die Hausaufgaben!"

179.

Klein Thomas auf dem Fahrrad: „Mami, Mami schau mal, ich kann mit nur einer Hand Fahrrad fahren." Kurze Zeit später: „Mami, Mami schau mal, ich kann ganz ohne Hände Fahrrad fahren." Kurze Zeit später: „Mami, Mami schau mal, ich kann ganz ohne Hände und Beine Fahrrad fahren." Wieder etwas später: „Mami, Mami schau mal, ganz ohne Zähne."

180.

Ein Junge hilft einer alten Nonne über die Straße.

Sie: „Vielen Dank, mein Kleiner."

Er: „Kein Problem. Batmans Freunde, sind auch meine Freunde."

181.

Lehrer: „Aus welchem Land kommst du?"

Schüler: „Czechoslovakia."

Lehrer: „Buchstabiere das mal für uns."

Schüler: „Ich glaube eigentlich komme ich aus Ungarn!"

182.

Sepp fährt mit seinem Fahrrad, es ist fast dunkel. Ein Polizist hält ihn an. „Wie heißt du?"

„Josef Schlickermeyer" antwortet Seppi cool.

„Und dein Alter?" fragt der Polizist weiter.

„Auch Schlickermeyer."

183.

„Was passiert mit den kleinen Mädchen die ihre Nudeln nicht aufessen?" „Die bleiben schlank und werden Germanys next Topmodel, Mutti!"

184.

Was sagt eine Schnecke auf den Rücken einer Schildkröte? – Uiiiiii

185.

Uli und Monika knobeln. Uli erklärt: „Ich werfe das Geldstück jetzt hoch. Bei Kopf gewinne ich, bei Zahl verlierst du!"

186.

„Wie heißt denn dein neuer Hund?" – „Keine Ahnung, er will es nicht sagen."

187.

Was hat einen Hals, aber keinen Kopf?

Die Flasche!

188.

Welche deutsche Stadt haben wir immer auf dem Tisch?

Essen!

189.

Warum rennen Blondinen 20 Mal um das Haus, bevor sie in den Urlaub fahren?

Damit sie Vorsprung vor dem Einbrecher haben!

190.

Wie heißen chinesische Landwirte?

1: Kuh Ding

2: Ka To Fel

191.

Ein Ostfriese hat ein Loch im Boot. Wie reagiert er?

Er bohrt ein zweites, damit das Wasser ablaufen kann!

192.

Wie heißt die Mehrzahl von Tropfen?

Ozean!

193.

Eine Blondine lehnt sich an einen Baum, da fällt der Baum um!

Warum?

Der Klügere gibt nach!

194.

Warum sind in der Apotheke alle leise?

Damit die Schlaftabletten nicht aufwachen!

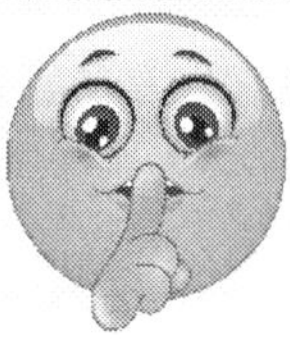

195.

Welcher Vogel ist immer traurig?

Der Pechvogel!

196.

Was macht ein Stern, wenn er keine Lust mehr hat zu leuchten?

Er wird zu einer Sternschnuppe!

197.

Wer spricht französisch, griechisch, spanisch und alle anderen Sprachen auf der Welt?

Das Echo!

198.

Wie nennt man jemanden der alles hört, aber niemals was sagt?

Ohr!

199.

Wie nennt man einen Menschen, der gerne immer Ordnung hält?

Faulpelz, der keine Lust hat, seine Sachen zu suchen!

200.

Was leuchtet heller als ein Stern?

Die Taschenlampe im Auge!

201.

Und was ist der Lehrer für ein Lappen?

Ein Jammerlappen.

202.

Lehrerin: „So Kinder, merkt euch eine Sache: die Silbe ‚un-' bedeutet immer etwas Schlechtes, zum Beispiel Unglück, Unfall, unpassend...

Wer kann mir andere Beispiele nennen?"

Die kleine Mathilde meldet sich zu Wort: „Unterricht, Frau Lehrerin, Unterricht!"

203.

Chemiestunde: „Was geschieht mit Gold, wenn man es an der freien Luft liegen lässt?" „Es wird gestohlen!"

204.

Sagt Max zum Lehrer: „Herr Lehrer, mein Hund, der riecht mich schon, bevor ich zu Hause bin!"

Antwortet der Lehrer: „Wir auch, Max, wir auch."

205.

Fritzchen: „Herr Lehrer, wollen Sie mal einen alten Witz sehen?"

Lehrer: „Einen alten Witz sehen? Was ist das denn?"

Fritzchen: „Schauen Sie doch mal in den Spiegel!"

206.

Sagt die Mutter zum Lehrer: „Mein Sohn ist hochbegabt! Er hat immer sehr viele Ideen!“

Antwortet der Lehrer: „Oh ja, vor allem in der Rechtschreibung hat er sehr viele Ideen!“

200.

Fritzchen kommt zu spät in die Schule. Da fragt der Lehrer: ‚Entschuldigung!?' Fritzchen: ‚Ach passt schon!'

207.

„Warum heult Dein kleiner Bruder denn so?“ – „Heute gab es
Osterferien, und er hat keine bekommen.“ – „Aber warum das
denn?“ – „Weil er noch nicht zur Schule geht!“

208.

Zwei Jungen stehen vor dem Standesamt und betrachten interessiert ein Brautpaar. „Hör mal“, sagt der eine, „wollen wir die mal erschrecken?“

„Ja“, sagt der andere, läuft auf den Bräutigam zu und ruft: „Hallo, Papa!“

209.

Treffen sich zwei Kühe. Sagt die eine: „Muh.“ Sagt die andere: „Wollt ich auch grad sagen.“

210.

Wie nennt man einen Bären, der laut „KUGEL“ schreit? Kugel-schrei-bär!

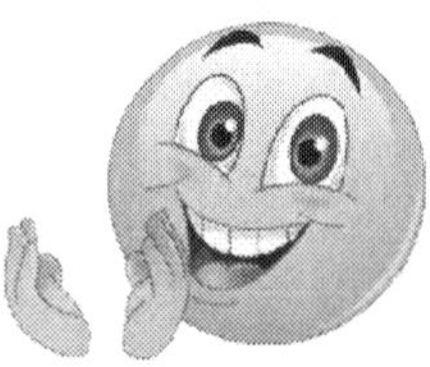

211.

Mutti, wie lang bist Du schon mit Vati verheiratet?“

„Zehn Jahre, mein Kind!“

„Und wie lange mußt Du noch..?“

212.

Lotta: „Herr Lehrer, was essen Astronauten gerne?“

Lehrer: „Lotta, ich weiß es nicht.“

Lotta: „Einen Mars-Riegel.“

213.

Fritzchen holt mitten im Unterricht seine Brotdose raus!

Lehrer: „Fritzchen, hier gibt es kein Frühstück!!!“

Fritzchen antwortet: „Das habe ich mir fast gedacht. Daher habe ich mein eigenes Frühstück mitgebracht!“

214.

Fritzchen sagt zu seiner Schüssel Wackelpudding:

Du brauchst gar nicht so zu zittern, ich esse dich trotzdem.

215.

Lehrer fragt die Klasse: „Wie viele Inseln gibt es in der Karibik und wie heißen die?“

Schüler meldet sich: „Es gibt viele Inseln in der Karibik, und ich heiße Paulchen.“

216.

Wie viele Lehrerwitze gibt es auf der Welt?

Es gibt keine, denn die sind alle wahr!

217.

Lehrer: „Bitte beschreibt für nächste Stunde euer Kinderzimmer!“

In der nächsten Stunde: „Susi, du hast ja deine Hausaufgabe nicht gemacht!“

Susi: „Doch, Herr Lehrer, als ich angefangen habe mein Kinderzimmer mit Farbe zu beschreiben, war meine Mama danach richtig sauer!“

218.

Lehrer: „Adam war der erste Mann und wer war die erste Frau?“

Fritzchen: „Seine Mutter!“

219.

Paulchen: „Herr Lehrer, sprechen wir heute über das Gehirn?“

Lehrer: „Ein anderes Mal, Paulchen, heute habe ich was anderes im Kopf!“

220.

Im Kunstunterricht: „Kinder, heute dürft ihr malen, was ihr wollt!“
Die Kinder fangen an zu malen…
Ende der Stunde sagt der Lehrer zu Susi: „Sag mal, Susi, hast du jemals einen Engel mit 3 Flügeln gesehen oder wieso zeichnest du einen?“
Susi: „Haben Sie jemals einen Engel mit 2 Flügeln gesehen?“

221.

Lehrer zu Laura: „Wieso schreibst du so schnell?“ Laura: „Meine Tintenpatrone geht gleich leer!“

222.

Lehrer: „Wer kann mir das Wort Magie beschreiben?“
Susi: „Magie ist eine braune Flüssigkeit, die man in Suppen reinmacht!“

223.

Lehrerin: „Kann mir jemand sagen, auf welcher Seite sich das Herz bei einem Menschen befindet?“
Peter: „Auf der Innenseite!“

224.

Lehrer: „Fritz, schon wieder zu spät?"

Fritz: „Sorry, Herr Lehrer, ich wurde gerade ausgeraubt!"

Lehrer: „Haben die Räuber schon wieder deine Hausaufgaben geklaut?"

Fritz: „Leider ja, Herr Lehrer!"

225.

Warum spielen Lehrer nicht Verstecken?

Weil sie keiner suchen würde!

226.

Lehrer: „Fritz, was ist näher, der Mond oder China?"

Fritz: „Der Mond natürlich!"

Lehrer: „Wie kommst du auf diese dumme Idee? China ist näher!"

Fritz: „Können Sie von hier den Mond sehen, Herr Lehrer?"

Lehrer: „Ja!"

Fritz: „Können Sie von hier China sehen, Herr Lehrer?"

Lehrer: „Nein."

Fritz: „Frage beantwortet!!!"

227.

Vater: „Max, was sind das bitte für Noten? Dein Zeugnis gefällt mir mal gar nicht!"

Max: „Papa, mir auch nicht, aber hey, wir haben seit langem wieder den gleichen Geschmack!"

228.

Lehrer: „Paul, definiere bitte Notwehr."

Paul: „Also Notwehr ist, wenn ich mein Zeugnis selber unterschreibe."

229.

Fragt der Lehrer den Fritz: „Du, Fritz, kannst du eigentlich schwimmen?“

Fritz: „Aber klar doch!“

Lehrer: „Wo hast du das gelernt?“

Fritz: „Im Wasser, Herr Lehrer.“

230.

Geht ein alter Mathelehrer zum Bankschalter: „Ach Fritzchen, du arbeitest jetzt hier? Schön! Ich möchte gerne 300 abheben!“

Da antwortet Fritzchen: „300 was?! Äpfel? Birnen? Bananen?“

231.

Lehrer: „So Kinder, ich grabe auf dem Schulhof ein tiefes Loch. Wo komme ich dann hin?“

Schüler: „Ganz klar, ins Irrenhaus!“

232.

„Herr Kellner, in dem Kirschkuchen sind ja gar keine Kirschen !“

“Ja ist doch klar! In einem Hundekuchen sind ja auch keine Hunde!“

233.

2 Zahnstocher gehen im Wald spazieren. Plötzlich kommt ein Igel vorbei. Sagt ein Zahnstocher zum anderen: „Ich wusste gar nicht, dass hier ein Bus fährt“.

234.

Der Onkel beantwortet den Brief meines Neffen. „Hier bekommst du deine gewünschten 10 Euro. Aber übe deine Rechtschreibung, Zehn schreibt man nicht mit zwei Nullen!“

235.

Mami, warum ist der Himmel so hoch? – Antwortet Mami: Damit sich die Vögel nicht den Kopf stoßen.

236.

„Als ich damals in Alaska war, wurde ich von 12 Wölfen angefallen.“, erzählt Fritzchens Opa. Darauf Fritzchen: „Letztes Jahr waren es noch drei!“

„Ja, da warst du noch zu klein, um die ganze Wahrheit zu erfahren!“

237.

Karl: „Würden Sie mir bitte eine neue Klingel anbringen?“

Fahrrad-Mechaniker: „Gern! Aber die Bremsen sind auch nicht in Ordnung!“

Karl: „Weiß ich! Deshalb brauche ich ja die neue Klingel!“

238.

Englischlehrer zur Klasse: „Kann mir jemand sagen, was ‚neun' auf Englisch heißt?“

Fritz: „Nein!“

Englischlehrer: „Toll gemacht, Fritz, genau richtig!“

239.

Lehrer: „So Kinder, ich grabe auf dem Schulhof ein tiefes Loch. Wo komme ich dann hin?“

Schüler: „Ganz klar, ins Irrenhaus!“

240.

Lehrerin: „Paul, dein Aufsatz über deinen Hund ist wie der von deinem Bruder!

Paul: „Wir haben ja auch denselben Hund!“

241.

Max: „Was haben Sie gefragt, Frau Lehrerin?“

Lehrerin: „Wie lange Fische leben!“

Max: „Ich denke, genauso lange wie kurze!“

242.

Lehrer: „Susi, wieso lachst du?“

Susi: „Ich habe gerade an etwas gedacht.“

Lehrer: „Du bist hier nicht zum Lachen, also hör auf nachzudenken!“

243.

Susi kommt zu spät in die Klasse: „Entschuldigung Frau Lehrerin, ich habe verschlafen!“

Lehrerin: „Ach, zu Hause schläfst du auch?“

244.

Lehrer: „Kinder, wer kann mir das Lichtjahr erklären?“

Fritzchen: „Ein Lichtjahr ist, wenn man ein ganzes Jahr lang das Licht angelassen hat!“

245.

Sagt der Lehrer zum anderen:

„Ich kriege meine Klasse einfach nicht in den Griff, sie gehorchen mir einfach nicht!“

Antwortet der andere: „Meine Klasse macht genau das, was ich ihnen sage!“

„Wie kriegst du das so hin?“, fragt der andere Lehrer.

„Sobald ich in die Klasse komme, sage ich: ‚Macht doch, was ihr wollt!‘“

246.

Zwei Luftballons fliegen über die Wüste. Auf einmal ruft einer: „Achtung Kaktus!"

Meint der andere: „Macht nichtssssssssssssssssssss..!"

247.

Zwei Freunde schauen Fußball: „Ein gutes Spiel", sagt der eine, „nur die Tore fehlen!"

„Wieso, da stehen doch zwei!"

248.

Lehrer: „Kinder, wofür brauchen wir eigentlich die Sonne?"

Schüler: „Naja, Herr Lehrer, die bringt eigentlich nichts! Nachts scheint sie nicht und tagsüber ist es so oder so hell!"

249.

Susi: „Mama, wir haben eine neue Mathelehrerin und sie ist sehr schlecht!"

Mutter: „Wieso das denn, mein Liebes?"

Susi: „Vorgestern erzählte sie uns, 5 plus 5 ergebe 10 und heute erzählte sie uns auf einmal das gleiche, nur mit 3 plus 7!"

250.

Laura: „Mama, muss ich schon wieder zur Schule? Immer wenn der Lehrer etwas nicht weiß, dann fragt er mich!"

251.

Susi: „Herr Lehrer, wie kalt ist die Sonne eigentlich, wenn es dunkel wird?"

252.

Lehrer: „Na Fritz, wie ist die neue Brille so – kurz- oder weitsichtig?“

Fritz: „Sehen Sie das nicht? Sie ist durchsichtig!“

253.

Fragt der Lehrer: „Hast du Geschwister, Max?“

„Nein, ich bin alle Geschwister, die wir haben!“

254.

Max zieht die ganze Zeit seine Nase hoch.

Da sagt die Lehrerin genervt: „Max, hast du ein Taschentuch?“

Max: „Habe ich, aber ich verleihe es nicht!“

255.

Der Trainer motzt die Mannschaft an:

„Ich habe euch doch gesagt: ‚Spielt, wie ihr noch nie zuvor gespielt habt!', nicht: ‚Spielt, als ob ihr noch nie gespielt hättet!'!!!“

256.

Lehrer: „Susi, zeig doch mal dein Bild!“

Susi zeigt ein leeres Blatt Papier.

Lehrer: „Was soll das, Susi, du hast ja nichts gemalt?“

Susi: „Doch klar, es ist ein weißer Schneemann!“

257.

Lehrer: „Ihr seid im Wald und seht eine Schlange. Was macht ihr dann, Kinder?“

Ein Schüler: „Na was wohl, hinten anstellen!“

258.

Sagt Paul genervt: „Was bringt mir eigentlich die Schule?“

Lehrer: „Paul, wenn du später groß bist, dann kannst du Geld verdienen!“

Antwortet Paul: „Dann brauche ich ja jetzt nicht zu kommen, sondern später!“

259.

Fritzchen soll einen Aufsatz über Fußball schreiben.

Nach langer Überlegung schreibt er: „Der Fuß ist flach und der Ball ist rund!“

260.

Lehrer zur Klasse: „Bin ich hier der einzige, der arbeitet?“

Fritzchen: „Sie sind hier ja auch der einzige, der bezahlt wird!“

261.

Fragt der Lehrer den 6-jährigen Schüler: „Wie ist dein Name, mein Kleiner?“

Antwortet der Schüler: „Hallo Herr Lehrer, meine Eltern nennen mich für gewöhnlich ‚Höraufdamit‘!“

262.

Lehrer: „Welches Land wird von Kalifen regiert?“

Fritzchen: „Kalifornien!“

263.

Lehrer zum Paul: „Paul, ich hoffe, dass ich dich nicht noch einmal beim Abschreiben erwische!“

Antwortet Paul: „Das hoffe ich auch jedes Mal, Herr Lehrer!“

264.

Fritzchen: „Mama und Papa, in der Schule sind wir zu viele Kinder und die Lehrer schaffen es nicht mehr! Daher schlage ich vor, ein paar Wochen zu Hause zu bleiben, um die Lehrer ein wenig zu entlasten!“

265.

Kommt Fritzchen verärgert von der Schule nach Hause, da fragt die Mutter:

„Na Fritzchen, wogegen wurdet ihr heute geimpft?“

Fritzchen antwortet grummelig: „Gegen unseren Willen!“

266.

Sagt Susi zum kleinen Bruder: „Wir haben heute in der Schule über die Entfernung des Mondes geredet.“

Bruder: „Hört sich interessant an! Und wie entfernt man ihn?“

267.

Lehrerin: „Susi, was ist 3 plus 5 minus 2?“

Susi: „Ich würde sagen eine Matheaufgabe, Frau Lehrerin!“

268.

„Denis, du gehst doch gerne zur Schule, oder?“

Denis antwortet: „Ja, ich gehe sehr gerne hin und auch wieder zurück. Nur die Zeit dazwischen finde ich blöd!“

269.

Was waren die letzten Worte des Sportlehrers?

Alle Speere zu mir, Kinder!

270.

Lehrer zu Fritz: „Fritz, das passt mir mal gar nicht, dass du hier wieder Ärger machst!

Ich rufe gleich deine Eltern an!"

Fritz: „An Ihnen passt mir auch vieles nicht, aber rufe ich deswegen Ihre Eltern an?"

271.

Mutter: „Lars, sei bitte brav in der Schule, ja?"

Lars: „Ach Mama, was kann denn schon passieren, wenn ich die ganze Zeit in der Ecke stehen muss?!"

272.

Lara im Kindergarten: „Darf ich ein Haus malen?"

Kindergärtnerin: „Aber natürlich, Lara, mit einem Garten?"

Lara: „Nein, mit einem Stift!"

273.

Lehrer: „Kinder, es gibt Millimeter, Zentimeter und was noch?"

Peter: „Elfmeter!!!"

274.

Was ist die Hälfte von 7?

Halb 7!

275.

Lehrer zu Fritzchen:

„Fritz, du bist nicht verheiratet, also bist du ‚ledig'.

Ich bin verheiratet, also bin ich was?"

Fritzchen: „Erledigt!"

276.

Lehrer zu Paul: „Paul, nenn mir den letzten Buchstaben im Alphabet!“

Paul: „T.“

Lehrer: „Das ist falsch! Es ist Z!“

Paul: „Nein! Es würde ja sonst Alphabez heißen und nicht Alphabet!“

277.

Die kleine Lisa schaut am ersten Schultag verärgert in ihre Schultüte:

„Und dafür soll ich mein Leben lang lernen?“

278.

Lehrer: „Ich halte 5 Birnen in der einen Hand und 5 Äpfel in der anderen. Was habe ich dann?“

Peter: „Gorilla-Hände!“

279.

Wie heißt das kürzeste Gedicht in der Schule?

Ich lerne nicht!

280.

Sagt Susi zu ihrer Mutter: „Mama, du steckst mich schon wieder in ein Irrenhaus?“

Antwortet die Mutter: „Nenn die Schule doch nicht immer Irrenhaus!!“

281.

Sagt der Jäger zu seinem Sohn:

„Sohn, ich habe heute deinen Lehrer getroffen.“

Antwortet der Sohn: „Super, den konnte ich sowieso nicht mehr leiden!“

282.

Mathelehrer zum Schüler:

„Du hast neun 1-Euro-Münzen in deiner Tasche. Davon verlierst du nun drei Münzen.

Was hast du dann am Ende?“

Schüler: „Sehr wahrscheinlich ein Loch in der Hosentasche!“

283.

Lehrer: „Was hat dein Vater zu deinem Zeugnis gesagt?“

Paulchen: „Wollen Sie die schlimmen Wörter auch hören?“

Lehrer: „Nein, die kannst du weglassen!“

Paulchen: „Dann hat er nichts gesagt!“

284.

Mutter: „Steffi, wie war die Schule heute?“

Steffi: „Boah, wir hatten heute 2 Stunden Englisch!“

Mutter: „Stell dich nicht so an! Die Engländer haben das jeden Tag!“

285.

Lehrer: „Wir benutzen nur ein Drittel unseres Gehirns, wusstet ihr das, Kinder?“

Da antwortet Fritz: „Ich habe gedacht, Lehrer wären schlauer!“

286.

Lehrer: „Bei einem Handstand fließt Blut in meinen Kopf. Wenn ich aber auf den Füßen stehe, passiert gar nichts! Warum ist das wohl so, Kinder?“

Paul: „Weil Ihre Füße nicht hohl sind!“

287.

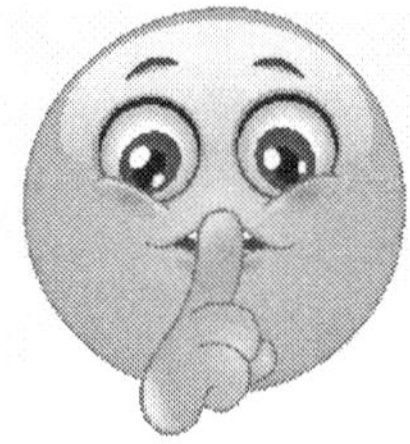

Paul: „Mama, der Sportlehrer sagt immer, ich wäre ein wahrer Krieger!“

Mutter: „Das ist doch super, Paulchen!“

Paul: „Ein Nichtshinkrieger!“

288.

„Wer kann mir einen bekannten Dichter nennen?“

Fritzchen: „Achilles!“

Lehrer: „Achilles war kein Dichter, Fritz!“

Fritzchen: „Doch, klar! Er ist doch wegen seiner Verse bekannt geworden!“

289.

„Fritzchen, der Schreibtisch ist nicht der richtige Platz zum Schlafen!“

Antwortet Fritzchen: „Es geht super, Sie müssen nur etwas leiser reden!“

290.

„Fritz, zeig mal dein Zeugnis!“

„Ich hab's Paul geliehen, er wollte seine Eltern erschrecken!“

291.

Paul zum Vater: „Papa, morgen gibt es eine kleine Elternveranstaltung in der Schule.“

Vater: „Was heißt klein?“

Paul: „Du, mein Lehrer und der Direktor.“

292.

Sagt Susi zu Paulchen: „Wusstest du, dass Mädchen intelligenter sind als Jungen?“

Antwortet Paulchen: „Nein, das wusste ich nicht!“

Antwortet Susi: „Siehst du!“

293.

„Paul, wie schaffst du es eigentlich, so viel Ärger an einem Tag zu machen?“

Paul: „Ich bin Frühaufsteher, Herr Direktor!“

294.

Ein neuer Mathelehrer fängt bei einer Schule an.

Sagt der alte Mathelehrer: „Neue Konkurrenz also... Kevin, du wechselst zum neuen Lehrer!“

Darauf Kevin: „Bin ich so gut, Herr Lehrer?“

Lehrer antwortet: „Ja Kevin, da nutzt du mir viel mehr!“

295.

Sagt Paulchen zum Lehrer: „Herr Lehrer, ich kann chinesisch!“

Lehrer: „Okay, dann sag doch mal was!“

Paulchen: „Was heißt ‚Ofen' auf Chinesisch?“

Lehrer: „Ich weiß es nicht.“

Paulchen „Hei-Zung!“

296.

Fragt der Lehrer Paulchen: „Was willst du mal werden, wenn du groß bist?“

Sagt Paulchen: „Ich will mal Astronaut werden, wie mein Vater!“

Da erwidert der Lehrer: „Wow, dein Vater ist Astronaut?“

Paulchen: „Nein, aber er wollte schon immer einer werden!“

297.

Mitte November kommt Paulchen früh morgens von der Schule.

Vater fragt: „Sag mal, was machst du so früh hier?"

Paulchen antwortet: „Wir haben Hitzefrei!"

Vater: „Was für ein Quatsch, wir haben Mitte November!"

Doch Papi, die Schule brennt!"

298.

Lehrerin: „Warum warst du gestern nicht in der Schule, Fritz?"

„Ich weiß es ehrlich gesagt nicht, die Entschuldigung habe ich nicht gelesen."

299.

Mama zu Fritz: „Was soll ich jetzt zu diesem schlechten Zeugnis sagen?"

Fritz: „Das, was du sonst auch immer sagst, Mama: ‚Hauptsache, man ist gesund!'"

300.

Im Grammatikunterricht:

Sagt die Lehrerin: „Fritz, du bist doch so gut in den Zeitformen. Welche Zeitform ist das, wenn ich sage:

‚Ich bin schön'?"

Antwortet der Fritz: „Ganz klar, Vergangenheit, Frau Lehrerin, aber ganz klar!"

301.

„Dieses Bild hat ein bekannter Künstler gemalt. Was seht ihr denn hier? Einen Sonnenaufgang oder einen Sonnenuntergang?“

Fritz: „Ist doch glasklar: einen Sonnenuntergang! Kein Depp würde so früh aufstehen, um ein Bild zu malen!“

302.

Fragt die Susi den Fritz: „Was hältst du von der neuen Rechtschreibung?

Antwortet Fritz: „Kein Plan, ich bin Linkshänder!“

303.

„Papa, wann bist du mit meinen Hausaufgaben fertig? Tobis Vater will auch abschreiben!“

304.

Fritz zum Lehrer: „Herr Lehrer, kennen Sie eigentlich den Unterschied zwischen Lidl und Schule?“

Lehrer: „Nein, was ist der Unterschied?“

„Lidl lohnt sich!“

305.

Max rennt die Treppen des Schulgebäudes hoch, da er zu spät ist. Da steht plötzlich der Direktor vor ihm.

Direktor: „Fünfzehn Minuten zu spät!“

Max: „Ich auch!“

306.

„Kinder, wo wurde der Friedensvertrag von 1918 unterschrieben?“

Nach längerem Nachdenken springt Fritz auf und ruft: „Unten rechts, Herr Lehrer!“

307.

„Frau Lehrerin, was habe ich heute eigentlich gelernt?“

„Was ist das für eine dumme Frage?“

„Ja, sehe ich genauso, aber zu Hause werde ich auch immer so dumm gefragt.“

308.

Lehrerin zu Fritz: „Nenn mir doch ein paar Tiere!“

Fritz: „Hündchen, Kätzchen, Meerschweinchen…“

Die Lehrerin unterbricht Fritz: „Nun lass doch bitte das ‚-chen' weg und konzentriere dich!“

Fritz: „Okay, Eichhörn, Kanin, Frett!“

309.

Fritz zu seinem Vater: „Papa, kannst du mir ein Foto von dir geben? Ich muss es in mein Heft kleben.“

Vater: „Wieso das denn?“

Fritz: „Weil mein Lehrer gesagt hat, er würde gerne sehen, welcher Dummkopf mir immer bei den Hausaufgaben hilft.“

310.

„Deine Hausaufgaben sind ja mal richtig, Fritz, wie kommt das denn zustande?“

„Mein Vater ist aktuell verreist, Herr Lehrer!“

311.

„Max, dein Lehrer hat mich angerufen, er macht sich große Sorgen wegen deiner schlechten Noten!“

„Ach, Vati, was gehen uns die Sorgen anderer Menschen Menschen an?“

312.

Fragt der Lehrer: „Wer von euch kann mir sechs Fische nennen, die im Wasser leben?“

Da meldet sich der Fritz: „Ein Hai und 5 Fische.“

313.

Ein Brief an die Eltern: „Ihr Sohn quatscht zu viel im Unterricht. Bitte zur Kenntnis nehmen und unterschrieben zurückbringen!"

Antwort des Vaters: „Wenn Sie das ‚zu viel quatschen' nennen, dann sollten Sie erst mal seine Mutter hören. Gezeichnet: Hermann"

314.

Im Mathematikunterricht:

„85 % der Schüler hier haben keine Ahnung von Prozentrechnung!"

Schüler: „Herr Lehrer, so viele sind wir doch gar nicht!"

315.

In der Geografiestunde:

Lehrer: „Jeden Montag stelle ich euch eine Frage. Wer die Frage richtig beantworten kann, der hat bis Donnerstag frei.

Am nächsten Montag: „Wie viel Liter Wasser hat der Rhein?"

Keiner kennt die Antwort.

Am nächsten Montag fragt er wieder: „Wie viele Bäume gibt es in Amerika?"

Keiner kennt die Antwort.

Am nächsten Montag legt Fritz einen Fünfeuroschein auf den Lehrertisch. Da kommt der Lehrer ins Klassenzimmer und fragt: „Wem gehören die fünf Euro?"

Fritz schreit auf: „Mir, Herr Lehrer! Und tschüss, bis Freitag!"

316.

„Warum habe ich schon wieder eine 6, Frau Lehrerin?"

„Das habe ich dir letztens schon gesagt, Mathilde, ich darf keine 7 geben!"

317.

„Fritz, was schätzt du, wie hoch die Schule ist?"

„1,30 m!", antwortet der Fritz.

„Und wie kommst du zu dieser Annahme?"

„Naja, ich bin 1,50 m und die Schule steht mir bis zum Hals."

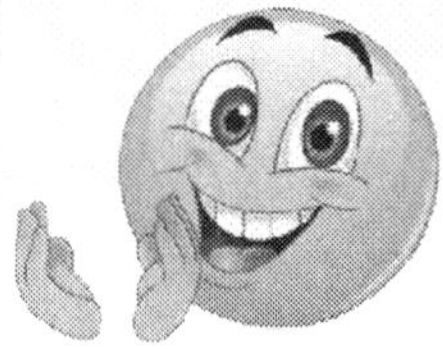

318.

Sagt der Lehrer zur Klasse: „Alle, die glauben Dummköpfe zu sein, sollen bitte jetzt aufstehen!"

Keiner der Schüler steht auf. Nach ein Paar Sekunden steht der Klassenbeste auf.

Sagt der Lehrer: „Wieso stehst du denn auf?"

Antwortet der Schüler: „Sie tun mir irgendwie leid, wenn Sie als einziger stehen."

319.

Es gibt einen Unterschied zwischen Lehrern und Gott.

Gott weiß alles, Lehrer wissen alles besser.

320.

Wie gut können Lehrer schwimmen?

Hervorragend, denn sie sind ja hohl.

321.

„Mama, was ist denn los?"

„Ach Franz, ich fühl mich heute irgendwie leer."

„Keine Sorge, Mama, es gibt Menschen, die sind Lehrer."

322.

„Paulchen, was ist bei einem Elefanten klein und bei einem Tiger groß?"

„Na ganz klar, der Buchstabe T!"

323.

Kommt ein neuer Schüler in die Klasse, da fragt der Lehrer: „Wie heißt du, Neuling?“

Schüler: „Müller ohne f.“

Lehrer: „Du bist mir ja einer, in Müller kommt doch gar kein f vor!“

Schüler: „Das sagte ich doch gerade!“

324.

Ein Schaf und ein Rasenmäher stehen auf einer Wiese.

Da sagt das Schaf: „Määäähhh!“

Der Rasenmäher antwortet: „Du hast mir hier nichts zu sagen!“

325.

Ein Schaf sitzt auf dem Baum, da fliegt ein Fisch vorbei und sagt: „Hallo.“

Da sagt das Schaf: „In was für einer Welt lebe ich eigentlich?“

326.

Warum können Fische nicht sprechen?

Weil sie den Mund voller Wasser haben!

327.

Mückenmama zum Kind: „Und wie war dein erster Tag da draußen?“

Mückenkind: „Super, egal wo ich war, die haben alle geklatscht!“

328.

Fällt der Kuckuck ins Wasser.

Sagt der Hai: „Kuckuck!“

Sagt der Kuckuck: „Hi!“

329.

Was träumen Katzen, wenn sie schlafen?

Vom Muskelkater.

330.

„Wieso wirfst Du nach dem Jungs da hinten mit Steinen?"

„Darf nicht näher ran gehen. Der hat Keuchhusten!

331.

Vater und Sohn machen eine Radtour. Dabei sieht der Papa wie der Sohnemann eine Biene überfährt. Der Vater wird sofort erzieherisch wirksam und eröffnet dem Sohnemann: „Du hast gerade eine Biene überfahren, ein Lebewesen. Ab sofort darfst Du drei Wochen keinen Honig mehr essen. "Während der Vater diese Worte spricht, überfährt er selber einen kleinen Vogel. Darauf der Sohn: „Muß ich das Mutti sagen, oder machst Du das selbst?..."

332.

Eine Mutter: „Wie begrüßen alle Ozeane einander?"

Eine Tochter: „Sie winken!"

333.

Ein kleines Mädchen ging, mit drei grossen Eistüten in der Hand, den Strand entlang. Gerade als sie bei den Eltern ankam, rutschte ihr eines aus der Hand und fiel in den Sand.

„Wie schade," sagte sie traurig, „jetzt habe ich Dein Eis fallenlassen, Vati!"7.

334.

„Warum können Fische eigentlich nicht sprechen, Mami?" – „Komische Frage, sprich du mal, wenn dein Kopf unter Wasser ist!"

335.

„Wieso stehst du so lange an der Rolltreppe?" will eine Dame von Fritzchen wissen. „Ich habe unterwegs meinen Kaugummi verloren – darauf warte ich jetzt."

336.

Die Mutter ist böse: „Zwei Ausdrücke möchte ich nicht mehr hören mein Sohn. Der eine ist „saudumm“ und der andere „zum Kotzen“

„Abgemacht Mami und wie heißen die Wörter?“

337.

Was ist grün, glücklich und hüpft übers Gras? Eine Freuschrecke!

338.

Clara streichelt die Katze ihrer Oma. Da beginnt die Katze zu schnurren. Erschrocken ruft Clara: „Wo ist der Ausschaltknopf für den Motor?“

339.

Der stolze Vater prahlt beim Kaffee, wie toll sein einjähriger Sohn schon sprechen kann.

„Bubi, sag' mal Rhinozeros!“

Der Kleine kommt zum Tisch gekrabbelt, zieht sich an der Tischkante hoch, schaut skeptisch in die Runde und fragt: „Zu wem?“

340.

Die Mutter fragt Fritzchen: „Warum hast du denn deinen Teddy ins Eisfach gelegt?“

„Weil ich gerne einen Eisbären hätte!“

341.

Peter sieht zu, wie seine kleine Schwester aus einer Pfütze Wasser trinkt. „Das darfst du nicht tun. Davon kann man krank werden, weil in der Pfütze Bakterien sind!“

Darauf seine Schwester: „Die sind längst alle tot. Ich bin vorher mir dem Roller durchgefahren!“

342.

Auf dem Markt: „Sind das deutsche oder ausländische Birnen?“ – „Wollen Sie sie essen oder mit ihnen sprechen?“

343.

„Papa, warum fliegen die Vögel in den Süden?“ – „Das ist doch völlig klar: Weil es zu Fuß zu weit wäre!“

344.

Der Fuchs hat ein paar Hühner gestohlen. „Siehst du Dirk“, sagt die Mutter, „die waren ungezogen und deshalb hat der Fuchs sie gefressen!“ – „Ja, und wenn sie brav geblieben wären, dann hätten wir sie gegessen!“

345.

„Herr Doktor, mein Mann glaubt er wäre ein Hubschrauber!“ – „Schicken sie ihn zu mir!“ meint der Arzt. „Ok, und wo soll er landen?“

346.

„Waren sie schon mal in Indien?“ – „Nein!“ – „Oh, dann müssen sie ja meinen Bruder kennen, der war auch noch nie da!“

347.

„Papa, warum ist im Ozean soviel Wasser?“ – „Ist doch ganz klar: Weil sonst die Schiffe zufiel Staub aufwirbeln würden!“

348.

„Was hat dir denn deine Freundin zum Geburtstag geschenkt?“ – „Einen Deoroller!“

„Hast du den einen Führerschein?“

349.

Frau Müller hat sich einen Papagei gekauft. Nun übt sie mit ihm: „Hallo, sag schön hallo... hallo... hallo!“ Eine Weile hört der Papagei geduldig zu. Dann sagt er: „Besetzt!“

350.

Ein kleines Mädchen ist auf dem Bauernhof und sieht sich alle Tiere an. Es kommt in den Hühnerstahl, als grade einige Küken schlüpfen. Erstaunt sagt sie: „Guck mal, die Eier legen Hühner!“

351.

Die Mutter erklärt ihrem Sohn die Uhr: „Das sind die Stunden und das die Minuten.“

Fragt Christian: „Und wo sind die Augenblicke?“

352.

Fragt Meier seinen Sohn: „Hast du an den Hund gedacht?“ – „Ja“

„Und hast du ihn gefüttert?“ – „Nein“ – „Aber was hast du gemacht?“

„An den Hund gedacht!“

353.

„Stell dir mal vor, ich habe gestern gleich vier Hufeisen gefunden. Weißt du, was das bedeutet?“ – „Ja, das bedeutet, das irgendwo ein armes Pferd barfuß herum trabt!“

354.

„Papi, deine Uhr ist wirklich Wasserdicht. Gestern habe ich sie mit Wasser gefüllt und bis jetzt ist nichts rausgekommen!“

355.

Die Familie geht in den Zoo. „Das ist ein Jaguar.“, erklärt der Vater. – „Welches Baujahr?“, fragt Fritzchen.

356.

Kommt ein Indianer zum Sheriff: „ Ich möchte meinen Namen ändern lassen!“ – „Wie heißen Sie denn?“ – „ Rauschender Adler der vom Himmel fällt!“ – „Und wie möchten Sie heißen?“ – „Plumps!“

357.

Die kleine Silke fragt ihre Mutter: „Mutti, stimmt es, dass der liebe Gott uns zweimal Zähne schenkt und dass wir die dritten selbst bezahlen müssen?“

358.

„Mutti, geht der liebe Gott eigentlich aufs Klo?“ – „Aber nein mein Kind, wie kommst du denn darauf?“ – „Heute Morgen, als ich gerade auf dem Klo saß, klopfte Opa an die Tür und rief: „O Gott, bist du schon wieder drauf!“

359.

Busfahrer zum Fahrgast: „Wollen Sie sich nicht setzen?“ – „Nein, ich habe es eilig!“

360.

„Tobi, frag doch mal deinen Vater, ob er nicht ein halbes Schwein haben will!“ Tobi überlegt kurz und sagt dann: „Das kann ich mir kaum vorstellen. Das kippt ihm doch im Stall immer nur um!“

361.

Sagt eine Kerze zur andern: „Wollen wir heute zusammen ausgehen?

362.

Sagt der Hase zum Schneemann: „Möhre her oder ich Föhn dich!"

363.

Ein Dalmatiner geht einkaufen. Sagt die Kassiererin: „Sammeln sie noch Punkte?"

364.

Sagt ein Hund zum anderen: „Nenn mich ‚König von Hundehausen'!"
Sagt der andere: „Ich bin auch ein König. Nenn mich ‚Runter vom Sofa'!"

365.

Sagt der eine Fisch zum anderen:„Du, was machen wir heute?"
Sagt der andere: „Eine Runde schwimmen?"

366.

Zwei Ameisen tragen ein Fenster durch die Wüste. Sagt die eine: „Puh, es ist extrem heiß!"
Sagt die andere: „Dann mach doch das Fenster auf!"

367.

Zwei Schnecken wollen eine Straße überqueren. Sagt die eine ängstlich:
„Sollen wir wirklich rüber? In vier Stunden kommt der Bus!"

368.

Gehen ein Elefant und eine Maus in der Wüste spazieren. Sagt der Elefant:
„Du, Maus, seit 5 Stunden gebe ich dir Schatten. Wann tauschen wir mal?"

369.

Ein Thunfisch und ein Walfisch treffen sich im Wasser.

Da fragt der Walfisch: „Was sollen wir tun, Fisch?“

Da sagt der Thunfisch: „Du hast die Wahl, Fisch!“

370.

Treffen sich das Pferd und das Schwein am Strand zum Schwimmen.

Sagt das Schwein: „Wie ein Seepferdchen siehst du aber nicht aus!“

Antwortet das Pferd: „Du siehst auch nicht gerade aus wie ein Meerschweinchen!“

371.

Fragt ein Mann einen Zoowärter:
„Entschuldigung, wann ist denn die Affenfütterung?“
Antwortet der Zoowärter: „In 10 Minuten. Wenn Sie sich beeilen, bekommen Sie vielleicht auch was ab!“

372.

„Hey Max, siehst du den Elefanten da im Kirschbaum?“

„Ne, sehe ich nicht, wo denn?“

„Da siehst du mal, wie gut die sich verstecken können.“

373.

Sagt das Eichhörnchen zu der Schnecke:

„Du, Schnecke, wieso kletterst du auf den Baum?“

Schnecke: „Ich will ein paar Äpfel essen!“

Sagt das Eichhörnchen: „Aber wir haben doch Winter, da sind keine Äpfel!“

Antwortet die Schnecke: „Wenn ich oben angekommen bin, sind dort wieder Äpfel!“

374.

Im Zoo: Sagt eine ältere Dame zu einem Papagei:

„Na mein kleiner, kannst du auch sprechen?“

Antwortet der Papagei Na du alte Krähe, kannst du auch fliegen?“

375.

Häschen zum Gärtner: „Haddu Blätter?“

Gärtner: „So viel du willst!“

Häschen: „Muddu Buch schreiben!“

376.

Geht der Frosch zum Supermarkt und will einkaufen.

Fragt der Verkäufer: „Was wollen Sie denn haben?“

Antwortet der Frosch: „Quark!“

377.

Warum sind Fische glitschig?

Damit sie nicht quietschen, wenn sie um die Ecke schwimmen!

378.

Warum trinken Mäuse keinen Alkohol?

Weil sie Angst vor dem Kater haben!

379.

Wie bekommt man einen Elefanten ins Auto?

Tür auf, Elefant rein, Tür zu!

380.

Ein Schwein läuft an einer Steckdose vorbei und sagt:

„Du armes Schwein, haben sie dich eingemauert.“

381.

Wieso haben Giraffen so einen langen Hals?

Weil die Füße müffeln.

382.

Was sagen zwei Igel, wenn sie sich umarmen?

Autsch, Autsch…

383.

Stehen drei Kühe auf der Weide, sagt die erste Kuh:

„Muh!“ Dann die zweite: „Muh!“ Und schließlich die Dritte: „Muh, muh!“

Da erschießt die erste Kuh die dritte: „Sie wusste zu viel!“

384.

Eine Kuh sagt zu einem Polizisten:

„Mein Mann, der ist auch Bulle!“

385.

Wie heißt der Tiger, der ständig lacht?

Lustiger!

386.

Wie lange stehen Flamingos auf einem Bein?

Bis Fritzchen die Matheaufgabe gelöst hat.

387.

Wie erkennt man, wo das Gesicht eines Regenwurms ist?

Man kitzelt ihn an beiden Enden. Und da, wo er lacht, ist vorne.

388.

Sagt das Pferd zum Zebra:

„Wir haben 16:00 Uhr und du bist immer noch in Schlafklamotten!“

389.

Treffen sich ein Esel und ein Schwein.

Sagt das Schwein:

„Die ganze Welt ist so gemein. Sobald jemand etwas Böses macht oder sagt, ist er sofort ein Schwein!“ Antwortet der Esel: „Das ist ja eine Schweinerei!“

390.

Verabschieden sich zwei Spinnen. Sagt die eine: „Rufst du mich dann heute um 21:00 Uhr an?“

Antwortet die andere: „Nein, um diese Uhrzeit habe ich kein Netz!“

391.

Sagt die Holzwurmmami zu den Kindern: „Husch Husch meine Kleinen, ab ins Brettchen!“

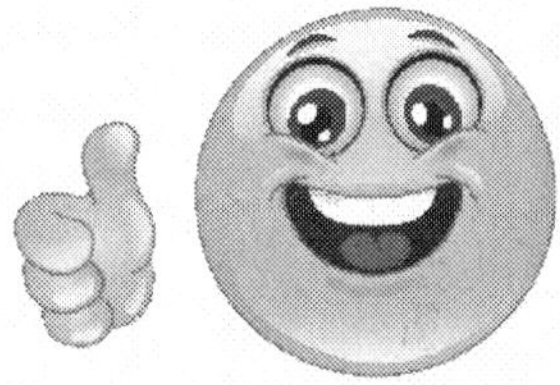

392.

Geht ein Huhn ins Lebensmittelgeschäft: „Ich hätte gerne 2 Eierkartons ohne Eier!“

Fragt der Verkäufer: „Was wollen Sie ohne Eier?“

Huhn: „Wir machen eine Reise und nehmen die Kinder mit!“

393.

Gehen zwei Igel die Straße entlang und sehen ein Auto mit einem platten Reifen.

Sagt der eine Igel: „Endlich hat mal einer von uns gewonnen!“

394.

Sagt das eine Schwein zum anderen: „Du bist aber wild!“

Antwortet das andere: „Ich bin ja auch ein Wildschwein!“

395.

Zwei Fische treffen sich im Wasser.

Sagt der eine: „Hi!“

Sagt der andere: „Hallöchen!“

Antwortet der andere: „Nein, du Idiot! Da ist ein Hai!!!“

396.

Kommt ein Mann in die Tierhandlung: „Entschuldigung, haben Sie auch Affen?“

Antwortet der Verkäufer: „Einen Augenblick, ich hole den Chef…“

397.

Herr Meier will sich einen Hund kaufen.

„Ist dieser Hund auch treu?“

Der stolze Verkäufer:

„Aber natürlich! Sieben Mal habe ich ihn verkauft und er kommt immer wieder zurück!“

398.

Zwei Pinguine latschen durch die Wüste, da meint der eine:

„Meine Güte, muss es hier verdammt glatt sein!“

„Wieso das?“, fragt der andere.

„Na, so wie die hier gestreut haben…“

399.

Sagt ein Eisbär zu seinem Kumpel: „Lass uns doch nach Australien auswandern!“

„Was sollen wir denn da?“

„Na, uns sonnen und zu Braunbären werden!“

400.

Gehen zwei Hunde spazieren, da fängt der eine an zu miauen!

Sagt der andere: „Was soll das? Du bist ein Hund!“

Sagt der andere: „Beruhige dich, ist meine erste Fremdsprache!“

401.

„Wow, das ist aber ein großer kräftiger Hund!“

„Danke, er ist aus Afrika. Ich habe nur die Mähne abgeschnitten!“

402.

Sagt die Spinne zur Fliege: „Morgen bist du dran!!!“

Sagt die Fliege: „Ich bin eine Eintagsfliege, ätsch!“

403.

Sagt die Kuh zum Kamel:

„Lass uns eine Milchbar aufmachen! Ich gebe die Milch und du die Hocker!“

404.

Krabbeln zwei Fliegen über einen Globus.

Als sie sich zum zweiten Mal begegnen, meint die eine zur anderen:

„Kleiner kann die Welt nicht sein…“

405.

Sagt die eine Fliege zur anderen: „Wir können doch fliegen und sind frei, oder?“

Sagt die andere: „Ja, was ist das für eine dumme Frage?!“

Antwortet die andere: „Warum fliegen wir dann andauernd gegen die Scheibe, du Dummkopf?!“

406.

Ein kleiner kurzsichtiger Igel hat sich verlaufen.

Er rennt gegen einen Kaktus und fragt weinerlich:

„Papa, bist du es?

407.

Mama Maus und Mäuschen gehen nachts spazieren und sehen eine Fledermaus.

Sagt das Mäuschen: „Mama, wenn ich groß bin, will ich wie Batman sein!“

408.

Der Tierarzt geht ans Telefon:

„Ja, bitte?“

„Guten Tag, meine Frau kommt gleich mit der Katze zu Ihnen. Geben Sie Ihr bitte eine Spritze, damit sie friedlich einschläft!“

„Sehr gerne, findet denn Ihre Katze dann alleine nach Hause?“

409.

Sagt die Schlange zur anderen: „Sind wir zufällig giftig?“

„Wieso fragst du?“

„Ich habe mir aus Versehen auf die Zunge gebissen…“

410.

Mama Hase geht in die Bäckerei.

Mama Hase: „Hast du 100 Brötchen?“

Bäcker: „Nein, so viele habe ich leider nicht.“

Am nächsten Tag:

Mama Hase: „Hast du 100 Brötchen?“

Bäcker: „Nein, heute leider auch nicht.“

Am nächsten Morgen:

Mama Hase: „Hast du 100 Brötchen?“

Bäcker: „Ja, heute nur für dich!“

Mama Hase: „Super, dann hätte ich gerne drei, bitte!“

411.

Zwei Kühe stehen auf der Weide.
Da sagt die eine: „Muuh."
Antwortet die andere: „Du nimmst mir das Wort aus dem Mund!"

412.

„Papa Papa, auf unserer Wiese sind wieder die Kühe vom Nachbarn. Sollen wir sie wegscheuchen?"
„Nein, Kinder! Wir brauchen Milch, also schnell melken, ganz schnell melken!"

413.

„Papa, ein Rätsel für dich!
Finde das Wort: man trocknet sich damit die Hand, es fährt über 80 Stundenkilometer,
man trägt es am Arm."
Nach langer Überlegung gibt der Vater auf:
„Was ist denn nun die Lösung?"
Susi: „Na, ist doch klar: ein Handtuch, ein Motorrad und eine Armbanduhr."

414.

Die kleine Susi zeigt ihrer Mutter die zwei abgefallenen Zähne und sagt:
„Mama, ich bekomme eine Glatze im Mund!"

415.

Sagt der kleine Paul zu einem Polizisten: „Entschuldigung, haben Sie eine Frau ohne mich gesehen? Sie ist meine Mutter und ich kann sie nicht finden!"

416.

Mutter: „Und Paul, läuft es gut mit dem Lernen?"
Paul: „Ja, Staffel 6 ist super!"

417.

Im Zoo:

Fritz: „Papa, wieso guckt uns dieser Gorilla so komisch an?"

Vater: „Keine Angst, Fritz, wir sind noch an der Kasse!"

418.

Ruft Fritzchen seiner Mutter zu:

„Mama hier ist jemand, der sammelt für das neue Schwimmbad!"

Antwortet die Mutter: „Gib ihm 3 Eimer mit Wasser!"

419.

Susi und Paul liegen im Bett. Da sagt Susi: „Du, Paul, muss Mama uns nicht langsam wecken? Wir kommen schon wieder zu spät zur Schule."

Paul: „Also mir soll's recht sein!"

420.

Susi: „Papi, wenn ein Gewitter kommt, musst du dich auf den Bauch legen!"

Vater: „Wieso sollte ich so etwas machen, mein Schatz?"

Susi: „So denkt der Blitz, er hätte dich bereits erwischt!"

421.

Susi schreibt einen Brief an die Eltern:

„Liebe Mama, lieber Papa, seit langem habe ich nichts mehr von euch gehört. Schickt mir doch bitte einen Scheck über 500 Euro. Ich weiß dann auf jeden Fall, dass es euch gut geht!"

422.

Ein Junge hilft einer alten Nonne über die Straße.

Sie: Vielen Dank, mein Kleiner.

Er: Kein Problem. Batmans Freunde, sind auch meine Freunde.

423.

Kai zu seinem Freund Tim: „Hast du schon mal eine Portion Pommes durch den Wald rennen sehn?“ – „Nein!“, sagt Tim. Darauf Kai: „Ha, da kannst du mal sehen, wie schnell die sind!“

424.

Sagt die eine Milch zu der anderen: „Bist du auch so sauer wie ich?“

425.

Der kleine Julius ist gestürzt. „Ist die Nase noch heil?“, fragt die Oma besorgt. „Ja Omi, die zwei Löcher waren schon vorher drin!“

426.

Der kleine Tim verliert gleich zwei Milchzähne auf einmal. Aufgeregt rennt er zur Mutti und ruft: „Mami, Mami, ich kriege im Mund eine Glatze!“

427.

Schimpft der Vater: „Mein Sohn, ich sage dir, wenn man will kann man alles!“ – „Ach wirklich? Dann versuch mal eine Drehtür zuzuschlagen!

428.

Stehen zwei Kinder vor einer Toilette: „Ich gehe da nicht rein, da in der Ecke steht ein Igel!“ – „Das ist doch kein Igel, sondern die Klobürste!“

„Also wir haben so was nicht. Wir nehmen Papier...“

429.

Sara sieht immer zu, wenn ihr kleiner Bruder gewickelt wird. Einmal vergisst die Mutter den Puder. Darauf schreit Sara: „Halt, du hast vergessen ihn zu salzen!"

430.

Ein Roboter zur Zapfsäule: „Nimm gefälligst den Finger aus dem Ohren, ich möchte dir etwas sagen!"

431.

Mutter zu Tim: „Wie fandest du das Wetter heute?" Darauf Tim: „Ganz einfach, ich ging vor die Türe und da war es!"

432.

Lisa fragt ihre Oma: „Sag mal, warum schlüpfen den die Küken aus den Eiern?" – „Weil sie Angst haben, gekocht zu werden!"

433.

Kai möchte über die Straße gehen doch andauernd brausen die Autos vorbei. Weit und breit kein Fußgängerüberweg. Da sieht er auf der anderen Straßenseite ein Mädchen. „Wie bist du da rüber gekommen?", brüllt Kai hinüber. Darauf brüllt das Mädchen zurück: „Ich bin hier geboren!"

434.

Tim steht auf einer Brücke und heult. Ein Polizist fragt ihn was los ist. „Da waren ein paar böse Jungs, die haben mein Pausenbrot in den Fluss geworfen!", jammert Tim. Fragt der Polizist: „War es mit Absicht?" – „Nein mit Käse!"

435.

Fragt Kai seinen Freud Tim: „Was machst du heute Abend?“ Darauf Tim: „Ich schaue mir die Mondfinsternis an!“ Antwortet Kai: „Oh toll, auf welchen Kanal?“

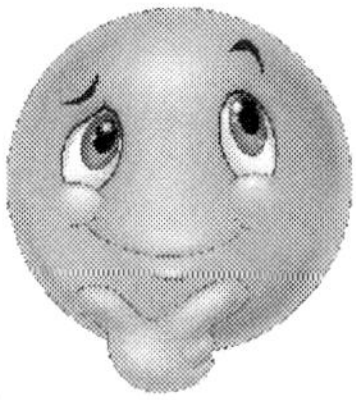

436.

„Mutti, darf ich noch lesen bis ich einschlafe?“ – „Ja Tim, aber kcine Minute länger!“

437.

Tim liegt auf der Wiese auf dem Bauch und singt. Nach einer Weile dreht er sich auf den Rücken und singt weiter. Fragt sein Freund Kai: „Was machst du den da?“ Antwortet Tim: „Ich bin eine Musikkassette, jetzt kommt die zweite Seite!“

438.

„Mutti, Mutti, ich kann keine Pickel mehr bekommen!“ - „Das ist aber schön mein Schatz. Warum denn nicht?“ – „Kein Platz mehr!“

439.

„Du Papi, können wir mit dem Schwimmunterricht aufhören?“, fragt Timmy. „Warum denn, hast du keine Lust mehr?“ – „Nö, aber keinen Durst!“

440.

Kai hat sich eine Schildkröte gekauft. Als er sie seiner kleinen Schwester zeigt, sagt sie: „Nimm doch mal den Deckel runter, damit ich sie streicheln kann!“

441.

Kai und Tim fahren in einem Aufzug. Da steigt ein Mann zu und sagt: „Grüß Gott!“ Darauf sagt Tim: „Nö, so hoch rauf wollen wir auch wieder nicht fahren!“

442.

Susi: „Mama, wer wohnt eigentlich auf dem Mond?“

Mutter: „Niemand, mein Schatz!“

Susi: „Und warum leuchtet da immer das Licht?“

443.

Vater: „So, Kinder, weil ihr die ganze Fahrt brav wart, bekommt ihr jetzt eine Erfrischung!“

„Vater öffnet das Autofenster…“

444.

Tim zu Mama: „Mama, ich will später mein Hobby zum Beruf machen!“

Mutter: „Also mit Faulenzen hat noch niemand Geld verdient!“

445.

Kind zum Vater: „Papa, ich bin Zauberer. Diesen Eiswürfel werde ich verschwinden lassen!“

Eine Stunde später: „Siehst du, Papa, weg ist der Würfel!“

446.

Mutter: „Peter, ich bin doch eine gute Mutter, oder?“

Kind: „Ich heiße Paul!“

447.

Vater: „Fritz, willst du lieber ein Schwesterchen oder ein Brüderchen?“

Fritz: „Ich möchte lieber einen Fußball!“

448.

Klein Lala: „Was hast du da in deinem Bauch?“
Frau: „Das ist mein Baby!“
Klein Lala: „Liebst du es denn nicht?“
Frau: „Doch, sehr sogar!“
Klein Lala: „Warum hast du es dann gegessen?“

449.

Vater: „Laura, warum verschickst du leere Briefe?“

Laura: „Damit meine Freunde wissen, dass ich an sie denke!“

450.

„Papa, wann ist Weihnachten?“
„Das dauert noch eine Weile.“
„Sagst du mir dann Bescheid, damit ich anfangen kann, lieb zu sein?“

451.

Kind zur Mutter: „Mama, ich will endlich Ferien haben wie Max!“

Mutter: „Noch 1 Jahr, mein Schatz, dann kannst du auch zur Schule!“

452.

Mutter: „Heute gibt es Brokkoli, damit wir alle ein bisschen Farbe im Gesicht bekommen!“

Kind: „Ich will aber nicht grün im Gesicht werden!“

453.

Fritzchen zu seinem Vater: „Papa, schau mal hier!“

Vater: „Was ist das bitte für ein Zeugnis? Lauter Fünfen! In Sport hast du auch nur eine 4!“

Zur Strafe bringst du eine Woche lang den Müll raus!“

Da antwortet Fritzchen: „Papa…das ist dein Zeugnis. Ich habe es im Keller gefunden.“

Vater: „Oh, dann bringe ich mal ganz schnell den Müll raus.“

454.

„Papa, du hast mir nie gesagt, dass ich mal ein Zwilling war.“

Vater: „Wie kommst du darauf?“

Susi: „Mama will mir heute ein Foto zeigen, wo ich mal zwei war!“

455.

Susi: „Papa, womit würfeln eigentlich die Eskimos?“

Vater: „Weiß ich nicht.“

Susi: „Mit Eiswürfeln!“

456.

Vater zur Tochter: „Oh, du hast Pralinen gekauft?“

Tochter: „Ja, die sind für Mama, aber sag ihr das bitte nicht!“

Vater: „Willst du sie überraschen?“

Tochter: „Nicht mehr, habe die Pralinen bereits aufgegessen!“

457.

Sagt Susi zur Mutter: „Mama, weißt du, wann Spinat am besten schmeckt?“

Mutter: „Nein, wann denn?“

Susi: „Wenn man es durch eine Tafel Schokolade ersetzt!“

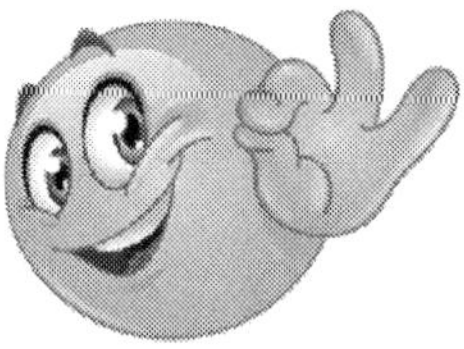

458.

Vater zum Sohn: „Und Junge, wie war deine erste Autofahrt?“

Sohn: „Das wirst du morgen in der Zeitung lesen!“

459.

Fritzchen: „Mama, kannst du eigentlich rechnen?“

Mutter: „Aber natürlich!“

Fritzchen tritt der Mutter ans Schienbein und sagt:

„Damit hast du wohl nicht gerechnet“!

460.

Mutter zum Vater: „Schatz, gibst du mir bitte klein Susi?“

Vater: „Wir müssen noch warten, bis Susi weint!“

Mutter: „Wieso das denn?“

Vater: „Ich habe vergessen, wo ich sie hingelegt habe!“

461.

Fritz: „Papa, möchtest du was Bestimmtes zu deinem Geburtstag haben?“

Vater: „Das schönste Geschenk, mein Sohn, wäre, wenn du ab jetzt gute Noten schreiben würdest!“

Fritz: „Zu schade! Dein Geschenk ist bereits gekauft!“

462.

Fritzchen: „Mama, Mama! Der Opa ist gemein, er hat mir eine Ohrfeige gegeben!“

Ruft der Opa hinterher: „Lüg nicht, du Rotzlöffel, sonst bekommst du noch eine!“

463.

„Papa, was macht ein Storch, wenn er auf einem Bein steht?“

„Er überlegt, wie er den nächsten Schritt machen soll!“

464.

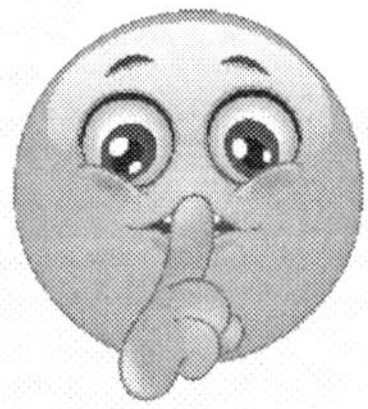

Mutter zum Vater: „Hättest du bei Asterix eine Filmrolle, würde man dich Taugenix nennen!“

465.

„Mami, Mami, Papa ist gerade von der Leiter abgerutscht und hingefallen!“

„Mein Schatz, du brauchst doch deshalb nicht zu weinen.“

Paulchen: „Am Anfang habe ich auch gelacht!“

466.

Zwei Freundinnen sind sehr spät von einer Party auf dem Heimweg, da sagt die eine:

„Meine Mutter kocht bestimmt schon vor Wut!“

Da sagt die andere: „Du hast es gut, wenigstens etwas Warmes zu essen!“

467.

„Papa, es gibt eine Eisenbahn, die hat schon seit Ewigkeiten Verspätung.

Weißt du, welche das ist?“

„Welche?“, fragt der Vater.

„Die, die du mir letztes Jahr zum Geburtstag versprochen hast!“

468.

Sagt Paulchen zu seinem Vater: „Papa, ich habe zwei ernste Fragen. Erstens: ‚Bekomme ich mehr Taschengeld?'
Taschengeld?' und zweitens: ‚Warum nicht?'"

469.

Paulchen bekommt eine Gutenachtgeschichte vom Vater vorgelesen.

Eine halbe Stunde später kommt die Mutter leise ins Zimmer und fragt:

„Und schläft er endlich?"

Da antwortet Paulchen: „Ja endlich, aber er schnarcht zu viel."

470.

Vater zu Susi: „Mein Schatz, ich will dir keine Angst machen, aber deine Mutter ist heute Mittag umgefallen."

„Ach, hat sie mein Tagebuch gefunden?"

471.

„Papa, warum ist der Ozean eigentlich so still?"

„Frag mich lieber was Leichteres!"

„Okay... Woran ist das Tote Meer gestorben?"

472.

Die Mutter von Fritz bewundert ihren neuen Pelzmantel, da sagt der Fritz:

„Das arme Tier muss ja echt gelitten haben, bis du diesen Mantel bekommen konntest!"

Da sagt die Mutter verärgert: „Sprich nicht so über deinen Vater!"

473.

Fritz liest das Horoskop und sagt zu seinem Vater:

„Papa, stell dir das mal vor, wärst du 3 Tage vorher geboren, wärst du jetzt nett, zuvorkommend und schlau…“

474.

„Mami, was macht eigentlich ein Tischler?“

„Susi, das sagt ja schon das Wort: ein Tischler macht Tische!“

„Ah okay, dann weiß ich ja jetzt auch, was ein Bettler macht.“

475.

„Papa, gib mir Geld und ich erzähle dir, was der Postbote immer zu Mama sagt.“

„Okay, hier hast du 10 Euro! Also, was sagt der Postbote?“

Er sagt: „Guten Morgen Frau Maier, hier Ihre Post!“

476.

„Papa, wo ist denn das Ding, um Kartoffeln zu schälen?“

„Die ist gerade einkaufen!“

477.

„Ihre Tochter hat mich eben ‚dicke Kuh' genannt, was sagen Sie zu so einem Verhalten?“

Mutter zur Tochter: „Mathilde, beurteile Leute doch nicht immer nach ihrem Aussehen!“

478.

„Mama, was fängt mit ‚A' an und hört mit ‚sch' auf?“

Sagt die Mama verärgert: „Wo hast du dieses Wort wieder aufgeschnappt?“

Sagt Paul: „Ash von Pokemon!.“

479.

„Fritz, gibst du den Fischen neues Wasser, bitte."

Da antwortet Fritz: „Mama, die müssen doch erst mal das alte austrinken!"

480.

„Wieso bist du so gut gelaunt, Susi?"

Susi: „Ich war beim Zahnarzt!"

„Und? Hat er wieder gebohrt?"

„Viel besser! Er war gar nicht da!"

481.

Sagt der eine Zwilling zum anderen: „Wo warst du so lange? Ich habe auf dich gewartet."

Sagt der andere: „Sorry, Mama hat mich zweimal gebadet!"

482.

Susi: „Mama, möchtest du ein Eis?"

„Nein."

Susi: „Super, jetzt frag du!"

483.

„Mama, machst du mir ein Sandwich?"

„Wie heißt denn das Zauberwort mit ‚T'?"

„Flott!!"

484.

Susi fragt ihren großen Bruder: „Paul, kann ich ein Stück von deinem Donut haben?"

Paul: „Ja klar, ich lass dir die Mitte übrig!"

485.

Mama ruft zu Hause an: „Susi, sag bitte deinem Papa, ich habe mich mit dem Auto verfahren!"

Susi: „Papa, Mama hat sich mit dem Auto verfahren!"

Papa: „Wo genau ist sie denn?"

Susi: „Im Auto natürlich!"

486.

Mutter: „Susi, füttere die Hühner doch nicht mit Schokolade!“

Susi: „Du willst mir ja kein Schoko-Ei kaufen!“

487.

Geht ein 47-jähriger Mann zum Doktor: „Herr Doktor, ich will wieder jünger aussehen!“

Sagt der Doktor: „Nehmen Sie einen Schnuller!“

488.

Der Vater bringt seiner Tochter lustige Witze bei:
„Lisa, wie macht der Gockel?“
Lisa: „Kikerikiii!“
Vater: „Wie macht das Schweinchen?“
Lisa: „Grunz Grunz!“
Vater: „Und wie macht immer die Mama?“
Lisa: „MECKER MECKER MECKER!“

489.

„Mami, bekomme ich einen Eisbären?“
Mutter zum Kind: „Aber natürlich, meine Kleine, stell doch einfach deinen Teddybären in den Gefrierschrank!“

490.

Kommt der Mann von der Arbeit nach Hause und fragt:
„Schatz, wo steht denn das Essen?“
Frau: „Im Kochbuch auf Seite 24!“

491.

Eine Familie übernachtet in einem Schloss.

Da Fragt der Vater den Diener: „Entschuldigen Sie, das Schloss ist sehr alt, oder?“ - „Ja“, antwortet der Diener.

Vater: „Meine Familie und ich haben Angst, hier könnten Gespenster sein!“

Diener: „Mein Herr, ich diene hier schon seit 300 Jahren und ich habe noch nie ein Gespenst gesehen!“

492.

„Meine Mutter will abnehmen und macht Sport.“

„Das ist doch schön, welchen Sport denn?“

„Sie geht reiten.“

„Und hilft es?“

„Also das Pferd hat auf jeden Fall schon abgenommen.“

493.

Sagt die Frau zu ihrem Mann: „Ich verstehe nicht, wieso du immer Fußball gucken musst!“

Antwortet der Mann: „Deshalb hält man sich auch raus, wenn man eine Sache nicht versteht!“

494.

Fritzchen spielt in der Wohnung mit dem Ball und zerbricht eine Vase!

Da schreit die Mutter verärgert: „Fritzchen!!! Die Vase war aus dem 18. Jahrhundert!!!“

Fritzchen: „Puh, Glück gehabt, ich dachte schon, sie wäre neu!“

495.

Der stolze Vater: „Mein Sohn, heute bringt der Storch dein Schwesterchen, freust du dich?“

„Ja Papa, ich habe noch nie einen Storch gesehen!“

496.

Sagt der eine Junge zum anderen: „Müsst ihr eigentlich auch immer vor dem Essen beten?“

Sagt der andere: „Nein, meine Mutter kocht hervorragend!“

497.

Oma: „Susi, welches Buch wünschst du dir zu Weihnachten?“

Susi: „Dein Sparbuch!“

498.

Geht die Mutter mit dem Kind zum Arzt: „Herr Doktor, mein Kleiner kaut nur noch Nägel.

Was kann man dagegen machen?“

Doktor: „Versuchen Sie es mal mit Schrauben!“

499.

Paulchen übernachtet bei der Oma auf dem Bauernhof.

Sagt die Oma: „Paulchen, hier werden wir morgens immer vom Hahn geweckt!“

Sagt das Paulchen: „Okay Oma, dann sag dem Hahn 11 Uhr, bitte!“

500.

Fritz, 7 Jahre alt: „Papa, wo ist denn die Taschenlampe?“

„Wozu brauchst du eine Taschenlampe, Fritz?“

„Wir wollen heute Abend am Spielplatz mit ein paar Mädchen rumknutschen!“

„Also früher habe ich dafür nie eine Taschenlampe gebraucht!“

„So sieht Mama auch aus! Diesen Fehler möchte ich nicht machen!“

501.

Der Mann überredet seine Frau zum Fußballgucken.
Sagt der Mann: „Siehst du, Schatz, ist doch echt spannend! Nur fehlen leider die Tore.“
Antwortet die Frau: „Wieso? Da stehen doch zwei!“

502.

Mama zum Sprössling: „Sag mal, warum spielst du nicht mehr mit Paul?“

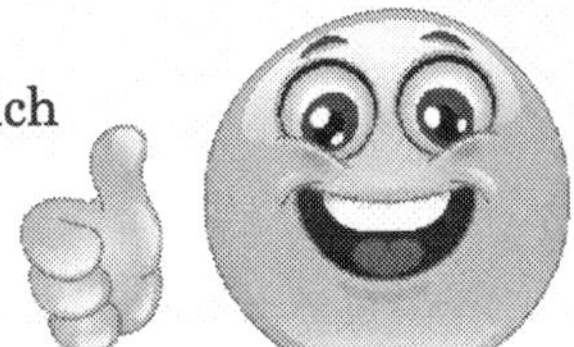

„Ach Mami, würdest du mit jemandem spielen, der dich immer nur verhaut?“
„Nein, natürlich nicht.“
„Siehst du, Mami, Paul eben auch nicht.“

503.

Der kleine Max ist 4 und hat noch nie ein Wort gesprochen. Eines Morgens beim Frühstück sagt er laut: „Wo ist denn die Nutella?“

Die Mutter und der Vater sind überglücklich: „Oh mein Gott, er kann sprechen! Max, du kannst ja sprechen. Warum hast du früher nie ein Wort gesagt?“

Max antwortet: „Bis jetzt gab's ja auch immer Nutella!“

504.

Zwei Freunde gehen zusammen spazieren, einer davon geht gebückt. Da fragt der andere:

„Du hör mal, warum gehst du so krumm?“ „Ich habe in die Hose gemacht.“

„Deshalb musst du doch nicht so krumm gehen!“

„Doch“, erwidert er, „ich bin noch lange nicht fertig!“

505.

Kunde zum Verkäufer: „Entschuldigung, kommen diese Erdbeeren aus Deutschland oder aus dem Ausland?“

Verkäufer: „Entschuldigung für die Gegenfrage, aber wollen Sie mit ihnen sprechen oder sie essen?“

506.

Streiten sich zwei Kinder.

Sagt das eine: „Du hast meinem Hund die Zunge rausgestreckt!!!“

Sagt das andere: „Er hat doch angefangen!“

507.

Ein Bauer rechnet die Kosten für seinen Hof aus und seufzt:

„Es hilft alles nichts, der Hahn muss weg! Ab morgen krähe ich selbst.“

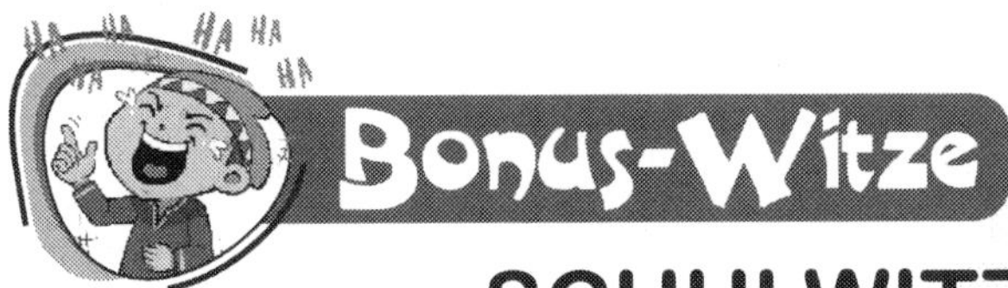

SCHULWITZE

1.

Der Lehrer fragt: „Was versteht man unter einer Bahnunterführung?"

Meldet sich ein Schüler: „Kein Wort, wenn grade ein Zug darüber fährt!"

2.

Lehrerin: „Tim, nenn mir doch mal die Sinne, die dir bekannt sind."

Antwortet Tim: „Schwachsinn, Unsinn und Blödsinn!"

3.

„Wie nennt man Lebewesen, die teils im Wasser und teils auf dem Lande leben?"

Max meldet sich: „Badegäste!"

4.

Der Lehrer: „Michael, hier siehst du einen Spatz und einen Buchfink. Sag mir bitte, welcher ist der Buchfink."

„Das ist der Vogel neben dem Spatz!"

5.

„Hansi, kannst du mir sagen, warum Milch Fett enthält?", will die Lehrerin wissen. „Na klar, damit es beim melken nicht so quietscht!".

6.

Tobias hat seine Hausaufgaben nicht gemacht. Er entschuldigt sich: „Herr Lehrer, ich konnte den Aufsatz nicht ins reine schreiben, weil mein Heft so schmutzig war!"

7.

Fragt der Lehrer: „Kann mir einer sagen, warum Blähungen so stinken?“ Fritzchen aus der letzten Reihe: „Damit schwerhörige auch etwas davon haben!“

8.

Kai kommt zufrieden aus der Schule: „Wir haben heute Sprengstoff hergestellt!“

„Und was macht ihr morgen in der Schule?“

„Welche Schule?“

9.

Lehrer: „Aus welchem Land kommst du?“

Schüler: „Czechoslovakia.“

Lehrer: „Buchstabiere das mal für uns.“

Schüler: „Ich glaube eigentlich komme ich aus Ungarn!“

10.

Fragte der Neue in der Schulklasse: „Wann macht ihr Pause?“ – „Nie. Wir schlafen durch!“

11.

„Wird bei euch zu Hause gebetet?“, will der Religionslehrer von Ralf wissen.

Sagt Ralf: „Bei uns nur im Herbst, wenn es Papas selbst gesammelten Pilze gibt!“

12.

Lehrer zum Schüler: „Du kommst zwei Stunden zu spät!“

„Tut mir schrecklich leid, aber mein Wecker hat geklingelt, als ich noch geschlafen habe!“

13.

Lehrer zu Lisa: „Was weißt du über Pferde?“

„Die können recht ulkig sein. Manchmal veräppeln sie die ganze Straße!“

14.

Der Lehrer fragt: „Was kannst du mir über die Passatwinde sagen?“

„Keine Ahnung, wir fahren BMW!“

15.

Fragt der Lehrer die Klasse: „Wer kann mir vier Tiere aus Australien nennen?“

Meldet sich Tina: „Ein Koala Bär und drei Kängurus!“

16.

Der Sportlehrer fragt die Schülerin: „Kannst du schwimmen?“

„Na klar.“

„Wo hast du das gelernt?“

„Im Wasser natürlich!“

17.

Sandra flüstert Jule im Unterricht zu: „Die Lehrerin ist eine blöde Ziege!“

Daraufhin meint die Lehrerin: „Sei still Sandra, das weiß Jule selber!“

18.

Fritzchen ist neu in der Klasse. Die Lehrerin sagt: „Ich könnte wetten, das ich dein Gesicht schon mal irgendwo anders gesehen habe!“

„Das kann nicht sein. Mein Gesicht habe ich immer an derselben Stelle!“

19.

Der Lehrer erklärt den Schülern die Elektrizität: „Wenn man eine Katze gegen das Fell streichelt, lädt sich dieses auf und es entsteht Elektrizität.“

„Und wo kriegt das Elektrizitätswerk die vielen Katzen her?“, will ein Schüler wissen.

20.

Fragt der Erdkundelehrer: „Welcher Ozean liegt zwischen Amerika und Asien?"

Alles schweigt. Nach 5 Minuten stillem Schweigen sagt der Lehrer: „Ihr habt recht. Es ist der Stille Ozean!"

OBERWITZE

1.

„Herr Ober, was liegt denn da für ein Faden auf dem Teller?" – „Aber mein Herr, sie hatten doch ein Würstchen bestellt!"

2.

„Herr Ober, in meinen Apfelkuchen ist kein einziges Stück Apfel!", ruft der Gast empört. Darauf der Ober: „Na und? Im Hundekuchen sind ja auch keine Hunde!"

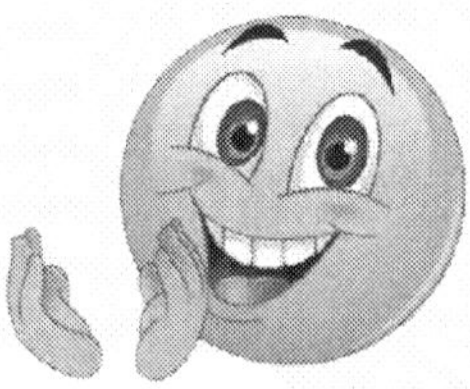

3.

Der Ober zum Gast: „Na wie schmeckt ihnen die Suppe?" Antwortet dieser: „Es ist viel zu wenig Suppe im Salz!"

4.

„Herr Ober, meine Suppe ist kalt!"

„Kein Wunder, die haben sie ja bereits vor einer Stunde bestellt!"

5.

„Herr Ober, in meiner Suppe ist eine Fliege!", ruft der Gast empört. Darauf der Ober: „Aber nicht mehr lange, sehen sie nicht die Spinne am Tellerrand?"

6.

„Herr Ober, in meiner Suppe liegt ja ein Zahn!"

„Aber sie sagten doch, ich sollte einen Zahn zulegen!"

7.

„Herr Ober, in meiner Suppe ist ein Haar!“, beschwert sich der Gast. Darauf der Ober: „Das ist nur eine Wimper von den Fettaugen!“.

8.

„Herr Ober, der Kaffee war kalt.“ – „Gut, dass Sie das sagen. Eiskaffee kostet ein Euro mehr.“

9.

Der Gast zum Ober: „Der Kuchen ist zu trocken!“ Ober zum Gast: „Machen Sie den Mund zu, damit es nicht so staubt!“.

10.

Gast: „Herr Ober, hier in meiner Suppe schwimmt eine Fliege!“ Darauf antwortet der Ober: „Aber sprechen Sie nicht so laut, sonst will jeder eine haben!“

11.

Der Kellner: „Tut mir leid, mein Herr, aber dieser Tisch ist reserviert.“ Der Gast: „Gut, dann stellen Sie ihn weg, und bringen Sie mir einen anderen!“

12.

„Herr Ober, haben sie kalte Rippchen?“ – „Nein, ich trage immer einen warmen Pulli!“

13.

„Herr Ober, ist das eigentlich Kaffee oder Tee, was Sie mir serviert haben?“ - "Nach was schmeckt es denn?“ – „Nach Spülwasser!“ – „Dann ist es sicher Kakao!“

14.

„Herr Ober - wieso sind zwei Spiegeleier teurer als drei Rühreier?“ – „Weil man Spiegeleier nachzählen kann.“

15.

„Herr Ober, was macht das Pfeffersteak?“ – „Durstig, mein Herr.“

16.

„Herr Ober, der Sprudel ist ja ganz trüb!“ – „Keine Sorge, mein Herr, das sieht nur so aus in dem dreckigen Glas!“

17.

„Herr Ober, was macht Ihr Daumen auf meiner Bockwurst?“ – „Meinen Sie, dass sie zum dritten Mal runterfallen muss?“

18.

Fragt der freundliche Kellner: „Möchten sie Ihren Kaffee schwarz?“ - „Wieso, in welchen Farben gibt es ihn denn noch?“8

19.

Beschwert sich der Gast: „Herr Ober, in meiner Suppe schwimmt ein Hörgerät!“ Schreit der Ober: "Wie bitte?"

20.

„Herr Ober, ich möchte bei Ihnen einen Tisch bestellen!“ - „Tut mir leid, mein Herr, aber die Möbel sind unverkäuflich.“

TIERWITZE

1.

Der besorgte Schneckenvater warnt seinen Sohn: „Das du mir ja nicht über die Straße rennst. In zwei Stunden kommt der Bus!“

2.

Eine Fliege fliegt haarscharf an einem Spinnennetz vorbei. Ruft die Spinne verärgert: „Morgen kriege ich dich!“ Lacht die Fliege: „Denkste, ich bin eine Eintagsfliege!“

3.

Ein Frosch steht im Milchgeschäft. Die Verkäuferin fragt: „Und was möchtest du?“ Darauf der Frosch: „Quark!“.

4.

Eine Schlange zur anderen: „Sind wir eigentlich giftig?“

Sagt die andere: „Wieso willst du das wissen?“

„Ich habe mir grade auf die Zunge gebissen!“.

5.

Zwei Riesenschlangen kämpfen miteinander. Sagt plötzlich die eine: „Ich gebe auf. Wer hat die nur den Seemannsknoten beigebracht?“

6.

Eine Katze und eine Maus gehen in die Bäckerei.

Die Maus sagt zur Verkäuferin: „Ich hätte gerne ein Stück Nusskuchen mit Sahne!“

Die Verkäuferin fragt nun die Katze: „Und was möchtest du?“

„Ich möchte nur einen Klacks Sahne auf die Maus!“

7.

Der kleine Hase fragt die Mutter: „Der Storch bringt die Menschen. Und wer hat mich eigentlich gebracht?“

„Na der Zauberer. Er hat dich aus dem Hut gezogen!“

8.

Zwei Vögel schauen einer Spinne zu, die grade ihr Netz webt. Fragt der eine Vogel den anderen: „Was macht die denn da?“ – „Keine Ahnung, die spinnt doch!“

9.

Zwei Hühner stehen vor dem Schaufenster eines Kaufhauses und bewundern die dort ausgestellten Eierbecher. Sagt das eine Huhn: „Was für schöne Kinderwagen die haben!“

10.

Zwei Mäuse sitzen vor einer Käseglocke. Sagt die eine: „Schau mal, ein Käse in einer Falle!“

11.

Ein Kuhfladen hat eine Ameise unter sich begraben. Fast drei Stunden braucht die Ameise, um sich wieder zu befreien. Sie schüttelt sich und schimpft: „So eine Frechheit. Genau aufs Auge!“

12.

Zwei Frösche treffen sich auf der Wiese. Einer von ihnen ist über und über mit Heftpflaster und Bandagen bedeckt. „Was um alles in der Welt ist denn mit dir passiert?“, ruft der eine entsetz. Darauf stöhnt der andere: „Ich habe aus Versehen einen Knallfrosch geküsst!“

13.

Zwei Kühe stehen auf der Weide. Plötzlich wackelt die eine wild hin und her. „Was machst du denn?“, fragt die andere erstaunt. „Schlagsahne. Ich habe morgen Geburtstag!“

14.

Fragt ein Tausendfüßler den anderen: „Sag mal, deine Frau schwankt so. Ist sie etwa betrunken?“ – „Nein, das nicht, aber sie musste ja heute unbedingt hochhackige Schuhe anziehen!“

15.

Ein kleiner Hund läuft völlig verzweifelt mitten in der Wüste herum und winselt: „Wenn jetzt nicht bald ein Baum kommt, passiert ein Unglück!“

16.

Ein kleiner Hund läuft völlig verzweifelt mitten in der Wüste herum und winselt: „Wenn jetzt nicht bald ein Baum kommt, passiert ein Unglück!“

17.

Ein kleines Schwein bleibt vor einer Steckdose stehen und bricht in Tränen aus. „Oh, wie grausam. Haben sie dich eingemauert?“

18.

Zwei Fische treffen sich. Fragt der eine: „Was machst du denn heute Abend?“ Da überlegt der andere eine Weile und sagt dann: „Ich glaube ich gehe schwimmen!“

19.

Treffen sich zwei Regenwurmfrauen. Fragt die eine: „So allein. Wo ist denn ihr Mann?“ Schluchzt die andere: „Er ist beim Angeln!“

20.

Eine Schlange, eine Schnecke und ein Tausendfüßler verabreden sich bei der Schlange zu Hause. Die Schnecke kommt pünktlich um drei Uhr, der Tausendfüßler aber erst um acht. Fragt die Schlange: „Warum kommst du erst jetzt?“ Antwortet der Tausendfüßler: „Konnte ich denn wissen, das draußen an der Tür steht: Bitte die Füße abtreten.“

ARZTWITZE

1.

Tim ist beim Psychiater, weil er seit einiger Zeit ins Bett macht. Er erzählt: „Herr Doktor, was soll ich nur machen. In der Nacht, wenn ich Träume, kommt ein kleines gelbes Männchen und sagt: Du musst pinkeln, du wirst pinkeln, du pinkelst! Und dann mache ich tatsächlich ins Bett!“

Der Psychiater überlegt und sagt dann: „OK Tim, das ist nicht schlimm. Das Männchen kenne ich schon. Wenn es wieder kommt, dann sagst du einfach: Ich muss nicht pinkeln, ich werde nicht pinkeln, ich pinkele nicht. Und dann ist alles in Ordnung!“

In der nächsten Nacht erscheint in Tims Traum erneut das gelbe Männchen und Tim sagt: „Ich muss nicht pinkeln, ich werde nicht pinkeln, ich pinkele nicht!“

„Aha.“, Sagt das Männchen, „Bist wohl beim Psychiater gewesen, was? Aber heute wird gekackt!“

2.

Tim geht zum Augenarzt: „Ich brauche eine neue Brille!“

„Kurzsichtig oder weitsichtig?“

„Egal, Hauptsache durchsichtig!“

3.

Kai kommt vom Zahnarzt nach Hause. Fragt die Mutter: „Und hat es weh getan?“

Darauf Kai: „Ja Mama, der Zahnarzt hat ganz laut geschrien als ich ihn in die Hand gebissen habe!“

4.

Tim fragt den Doktor: „Sind Möhren eigentlich gesund?“

„Na klar mein Junge. Bei mir in der Sprechstunde waren jedenfalls noch keine!“

5.

Der kleine Marvin geht zum Arzt. Sagt der Arzt: „Dein Husten hört sich ja schon viel besser an!“

Darauf Marvin: „Das will ich auch hoffen. Er hat nämlich die ganze Nacht geübt!“

6.

Kommt ein Mann zum Arzt und sagt: „Herr Doktor, ich bin von einer Leiter gefallen!“

Fragt der Doktor: „Hoch?“ Sagt der Mann: „Nein, runter natürlich!“

7.

„Herr Doktor, ich habe geträumt, ich wäre eine Kuh und würde einen riesigen Haufen Heu fressen!“

„Aber das ist doch nicht so schlimm.“, beruhigt der Arzt.

„Das sagen sie, aber als ich aufwachte, war meine Matratze weg!“

8.

Der kleine Tim wird vom Arzt beruhigt: „Keine Angst Tim, Bazillen sind nicht so gefährlich wie du glaubst. Tägliche Turn und Atem Übungen töten sie einfach!“

Darauf Tim: „Das mag ja sein, aber wie bringe ich den kleinen Biestern das Turnen und Atmen bei?“

9.

Kai zu seinem Freund Tim: „Sag mal, tut dein Zahn immer noch weh?“

Sagt Tim: „Keine Ahnung, der Zahnarzt hat ihn behalten!“

10.

Tim zum Arzt: „Ich glaube ich bin ein Apfel!"
„Keine sorge Tim, ich beiße nicht!"

11.

Kai läuft mitten in der Nacht ohne Hausschuhe in der Kinderklinik auf dem Flur seiner Station herum. Da trifft er auf die Nachtschwester. Entsetzt ruft sie: „Mein Gott, du holst dir ja eine Lungenentzündung!" Kai winkt ab: „Nein, nur ein Glas Wasser!"

12.

Der Zahnarzt entsetzt zum kleinen Tim: „Mein Gott, Junge. In meinen ganzen Leben habe ich noch nie so ein großes Loch gesehen, Loch gesehen!" Tim: „Schon gut. Aber müssen Sie es mir gleich zweimal sagen?"

Darauf der Zahnarzt: „Wieso zweimal. Das war doch nur das Echo!"

13.

Der Zahnarzt entsetzt zum kleinen Tim: „Mein Gott, Junge. In meinen ganzen Leben habe ich noch nie so ein großes Loch gesehen, Loch gesehen!" Tim: „Schon gut. Aber müssen Sie es mir gleich zweimal sagen?"

Darauf der Zahnarzt: „Wieso zweimal. Das war doch nur das Echo!"

14.

Der Zahnarzt zum ängstlichen Kai: „So, jetzt machst du deinen Mund mal ganz weit auf und beißt fest die Zähne zusammen!"

15.

Der Patient zum Doktor: „Herr Doktor, ich habe das Problem, das ich immer ignoriert werde!"

Darauf der Doktor: „Der nächste Bitte!"

16.

Der kleine Marvin liegt mit Grippe im Bett. Der Doktor ist da und untersucht ihn. Fragt Marvin den Arzt: „Herr Doktor, ich kann die Wahrheit vertragen. Wann muss ich wieder in die Schule?“

17.

Kai und Tim beim Psychologen im Wartezimmer. Meint Tim: „Du der Psychologe ist echt gut. Sucht die Schuld immer bei den Eltern!“

18.

„Hast du auch immer schön brav deinen Lebertran genommen?“, fragt der Arzt den kleinen Uli.

Darauf Uli: „Ja sicher doch. Immer eine ganze Gabel voll!“

19.

Der kleine Tim ist gestürzt und jetzt beim Arzt. Er schreit: „Herr Doktor, ich hab mir das Genick gebrochen!“

Darauf der Doktor: „Keine Angst mein Junge, Kopf hoch!“

20.

Der kleine Moritz liegt auf dem Operationstisch. Sein Blinddarm muss raus. Kurz bevor die Narkose wirkt flüstert er: „Sie können die Maske jetzt ruhig abnehmen Herr Doktor. Ich habe Sie längst erkannt!“

SKELETTWITZE

1.

Ein Skelett sitzt auf einem Grabstein und raucht. Kommt ein zweites Skelett vorbei und sagt: „Na, rauchst du immer noch?“ – „Ja. Aber nicht mehr auf Lunge!“

2.

Ein Skelett schlendert durch die Straßen. Plötzlich fährt ein Leichenwagen vorbei. Winkt das Skelett mit seiner Knochenhand: „Hallo Taxi!“

3.

Kommt ein Skelett zum Arzt und fragt: „Was fehlt mir Herr Doktor?“

Darauf der Doktor: „Das kann ich ihnen erst nach den Röntgenaufnahmen sagen!“

4.

Sitzen zwei Skelette auf einer Mauer. Eins fällt runter, beide sind tot.

5.

Ein Skelett kommt zum Zahnarzt. Der schaut sich die Zähne an und schüttelt dann bekümmert seinen Kopf: „Ihre Zähne sind ja soweit in Ordnung, aber das Zahnfleisch macht mir Sorgen!“

6.

Kommt ein Skelett an einen Eimer voll Wasser vorbei, beugt sich darüber und sagt mitleidsvoll: „Du warst sicher mal ein Schneemann!“

7.

Sagt ein Skelett zum anderen: „Komm wir gehen an den Strand!“ Darauf das andere: „Lieber nicht, da blamieren wir und bis auf die Knochen!“

8.

Mitternacht in Obersdorf. Ein Skelett rast auf einem Snowbord die Piste herunter. Zwei Einheimische werden Zeuge dieser unheimlichen Szene. Flüstert der eine zum anderen: „Tot sein allein genügt dem wohl noch nicht!“

9.

Der kleine Moritz sitzt vor dem Aquarium und beobachtet die Piranhas. Plötzlich schreit er: „Mami, da ist ein Skelett in unserem Aquarium!“ – „Mami? - Mami...., MAAAMMMMIII!“

10.

Ein Skelett sitzt in einem Cafe und liest in der Zeitung die Todesanzeigen. Kommt ein zweites hinzu und fragt: „Was liest du denn da?“ Antwortet das erste: „Och nichts Besonderes, nur die Klatschseiten!“

11.

Lehrer: „In Deutschland hat man Skelette von Sauriern gefunden. Daraus kann man schließen, dass es sie auch bei uns gegeben hat.“ Schüler: „Und wie sind die über die Grenze gekommen?“

12.

Ein Skelett setzt sich in ein Restaurant. Nach einer Weile kommt endlich der Ober und wird ganz blass: „Oh, mussten Sie denn lange warten?“

13.

Ein Räuber setzt dem Skelett die Pistole auf die Brust und sagt: „Geld oder Leben!“
Da lacht das Skelett: „Nehmen Sie doch, was Sie finden!“

14.

Nachts um Mitternacht geht ein Skelett auf dem Friedhof spazieren. Plötzlich versperrt ihm der Friedhofswärter den Weg und sagt: „Um Mitternacht ist hier Ausgangssperre!“ Schimpft das Skelett wütend: „Frechheit. Und dafür zahlt man auch Miete!“

15.

Warum können Skelette nicht Fahrrad fahren?
Antwort: Weil sie kein Sitzfleisch mehr haben!

16.

Warum gehen Skelette so oft in Gruselfilme?
Antwort: Weil sie hoffen, endlich mal eine Gänsehaut zu kriegen!

18.

Treffen sich zwei Skelette in einem Bus. Sagt das eine: „Hast du mal einen Euro in der Tasche?“ Sagt das andere: „Nee, der ist mir aus der Tasche gefallen!“

19.

Treffen sich zwei Kannibalen. Einer trägt ein Skelett unter seinem Arm.

Fragt der eine: „Was willst du denn mit dem Skelett machen?“

Sagt der andere: „Zurückbringen natürlich. Das ist doch Leergut!“

20.

Kommt ein Skelett zum Arzt. Sagt der Arzt: „Schon ein bisschen spät, was!“

FAHRRAD -AUTO-MOTTORAD WITZE

1.

„Ist ihr Auto schon oft überholt worden?“, fragt der Werkstattbesitzer die Autofahrerin.

„Ja, sogar schon von Fußgängern!“

2.

Tina steht mit ihrer Mutter vor einem geschlossenen Bahnübergang, als ein Transportzug mit vielen Autos beladen, vorbeifährt. Da fragt die kleine: „Du Mami, ist das eine Autobahn?“

3.

Der Tankwart zum Autofahrer: „Ihre Reifen sind abgefahren!“

Sagt der Autofahrer: „Dann aber nichts wie hinterher!“

4.

Der Automechaniker zum Kunden: „Das Problem ist größer, als ich dachte. Ihre Batterie braucht ein neues Auto!“

5.

„Meister, wie steht es mit meinem Auto?“

„Sagen wir es einmal so: Wenn ihr Auto ein Pferd wäre, müssten wir es erschießen!“

6.

Peter steigt in den Schulbus und hält in den Händen eine Getränkedose und eine Tüte Pommes.

Der Fahrer schreit: „Das hier ist kein Speisewagen!“ Darauf sagt Peter: „Ich weiß, darum habe ich auch das Essen von zuhause mitgenommen!“

7.

Ein Bus fährt über eine Landstraße und geht plötzlich kaputt. Der Busfahrer steht auf und geht raus um nachzusehen was denn kaputt gegangen ist. Ein kleiner Junge folgt ihn und sagt: „Ich weiß was kaputt ist!"

Der Busfahrer reagiert nicht und steigt wieder ein und schaut hier nach dem Fehler. Wieder folgt ihm der Junge und sagt: „Ich weiß was kaputt ist!"

Der Fahrer findet den Fehler nicht, schiebt den kleinen Jungen beiseite und schaut noch einmal draußen nach. Er kann den Fehler nicht finden und der Junge sagt erneut: „Ich weiß was kaputt ist!"

Der Busfahrer denkt sich, frag halt mal den Jungen und fragt: „Na mein kleiner, sag schon. Was ist denn kaputt?" Darauf der kleine: „Der Bus ist kaputt!"

8.

Fährt ein großes Auto auf der Straße dahinter ein kleines. An einer roten Ampel treffen sich beide. Da kurbelt die Frau in dem kleinen Auto das Fenster runter und ruft: „Ich heiße Mandy und hab ein Handy und sie verlieren Ladung!"

Darauf macht der Mann ein Handzeichen und fährt weiter. An der nächsten Ampel halten sie wieder. Da ruft die Frau: „Ich heiße Mandy und hab ein Handy und sie verlieren Ladung!"

Da macht der Mann wieder ein Handzeichen und fährt weiter. An der nächsten Ampel halten sie erneut und die Frau ruft wieder: „Ich heiße Mandy und hab ein Handy und sie verlieren ihre Ladung!"

Da kurbelt der Mann auch das Fenster runter und ruft: „Ich heiße Günter und es ist Winter und mein Auto ist ein Streufahrzeug!"

9.

Ein Polizist hält Kai an, der im dunklen mit dem Fahrrad unterwegs ist. „Deine Lampe ist kaputt. Du musst absteigen und schieben!“ Darauf sagt Kai: „Hab ich schon versucht, aber da geht die Lampe auch nicht!“

10.

Ein Polizist hält einen Radfahrer an. „Keine Klingel, das macht 5 €. Kein Rücklicht, macht 6€. Keine Vorderbremse, macht 10€. Insgesamt also 21€!“ Da sagt der Radfahrer: „Hinter ihnen kommt das Geschäft ihres Lebens!“

„Wieso?“ will der Polizist wissen.

Darauf der Radfahrer: „Da ist einer ohne Fahrrad!“

11.

Die erste Fahrstunde. Der neue Fahrschüler ist verwirrt. „Die doofen Fußgänger laufen mir ja ständig vor dem Auto rum!“ Beruhigt ihn der Fahrlehrer: „Vielleicht fahren wir erst mal vom Bürgersteig runter!“

12.

Ein Mann rennt verzweifelt neben einem Bus her. Da beugt sich eine alte Dame aus dem Fenster und ruft: „Den kriegen Sie aber nicht mehr!“

„Ich muss“, ruft der Mann außer Puste „Ich bin doch der Busfahrer!“

13.

Mit einem total verbeulten Auto fährt ein Mann zur Tankstelle und sagt: „Einmal Waschen bitte!“ Fragt der Tankwart freundlich: „Soll ich ihn auch gleich bügeln?“

Meine besten Witze

Witz Nummer	Seite

Ich freue mich über Ihr Feedback

Für mich ist es sehr wichtig, Feedback zu meinem Buch zu bekommen. Wenn Sie Anregungen oder Verbesserungsvorschläge haben, so schreiben Sie mir doch bitte eine Mail an:

witzebuch@yahoo.com

bevor Sie eine schlechte Bewertung abgeben. Ich freue mich sehr über konstruktive Kritik. Da es mich viel Zeit und Energie gekostet hat, dieses Buch zu erstellen, wäre ich Ihnen sehr dankbar, wenn Sie mir anstelle einer schlechten Bewertung Ihre Verbesserungsvorschläge persönlich zukommen lassen. Denn dann hätte ich eine Chance, Ihre Kritik anzunehmen und mein Buch zu verbessern. Über eine Rückmeldung in Form einer Rezension auf Amazon würde ich mich ebenfalls sehr freuen.

Haftungsausschluss

Die Umsetzung aller enthaltenen Informationen, Anleitungen und Strategien dieses Buchs erfolgt auf eigenes Risiko. Für etwaige Schäden jeglicher Art kann der Autor aus keinem Rechtsgrund eine Haftung übernehmen. Für Schäden materieller oder ideeller Art, die durch die Nutzung oder Nichtnutzung der Informationen bzw. durch die Nutzung fehlerhafter und/oder unvollständiger Informationen verursacht wurden, sind Haftungsansprüche gegen den Autor grundsätzlich ausgeschlossen. Ausgeschlossen sind daher auch jegliche Rechts- und Schadensersatzansprüche. Dieses Werk wurde mit größter Sorgfalt nach bestem Wissen und Gewissen erarbeitet und niedergeschrieben. Für die Aktualität, Vollständigkeit und Qualität der Informationen übernimmt der Autor jedoch keinerlei Gewähr. Auch können Druckfehler und Falschinformationen nicht vollständig ausgeschlossen werden. Für fehlerhafte Angaben vom Autor kann keine juristische Verantwortung sowie Haftung in irgendeiner Form übernommen werden.

Urheberrecht

Impressum

Herausgeber:

Martin Boguslawski

Moosbergstrasse 1

63654 Büdingen

Buchcover: Lauria

Covergestaltung: Lauria

Autor: Uli Fröhlich

Auflage 1 – 2020

Printed in Poland
by Amazon Fulfillment
Poland Sp. z o.o., Wrocław

60784453R00065